向好奇心致敬

生命，我猜你不知道

向好奇心致敬

浙江省科技馆　组织编写
赵国治　主编

浙江科学技术出版社·杭州

版权所有　侵权必究

图书在版编目（CIP）数据

生命，我猜你不知道 / 浙江省科技馆组织编写；赵国治主编. --杭州：浙江科学技术出版社，2025. 8. （向好奇心致敬）. --ISBN 978-7-5739-1802-4

Ⅰ．Z228.2

中国国家版本馆CIP数据核字第2025FF8484号

丛 书 名	向好奇心致敬
书　　名	生命，我猜你不知道
组织编写	浙江省科技馆
主　　编	赵国治
出版发行	浙江科学技术出版社
	地址：杭州市拱墅区环城北路177号　邮政编码：310006
	办公室电话：0571-85176593
	销售部电话：0571-85176040
	E-mail：zkpress@zkpress.com
排　　版	杭州兴邦电子印务有限公司
印　　刷	杭州捷派印务有限公司
开　　本	787 mm×1092 mm　1/16　　印　张　8.25
字　　数	120千字
版　　次	2025年8月第1版　　印　次　2025年8月第1次印刷
书　　号	ISBN 978-7-5739-1802-4　　定　价　39.90元

策划组稿	刘雯静	**责任编辑**	柳丽敏
营销编辑	茅　蔚	**责任校对**	赵　艳
责任美编	曹莞君	**责任印务**	吕　琰

如发现印、装问题，请与承印厂联系。电话：0571-56798200

好奇心：驱动科学探索的引擎

好奇心作为人类认知世界最原初、最强大的内驱力，激励着人们不断探索未知。青少年是认知发展的黄金时期，开展高质量的科普活动，培育未来创新型人才，是提升国家核心竞争力不可或缺的重要举措，也是落实"激发青少年好奇心、想象力、探究欲"目标的重要实践路径。

浙江省科技馆以激发科学兴趣、培养创新思维为目标，开展了大量的科学传播活动，为公众带来了耳目一新的科普体验。以"好奇心"为主题的活动就是这些活动中的一个亮点。通过举办科学论坛、科学表演、科学集市、颁奖典礼等活动，吸引了公众特别是青少年参与，让他们获得了不一样的体验。

我与浙江省科技馆颇有渊源，曾担任过建馆的顾问，并多次应邀参加以"好奇心"为主题的科普活动。整个团队勤于探索、专注科普的高昂热情和积极进取、敢想敢干的创新精神，给我留下了深刻的印象。当前，全国各地都在认真贯彻实施《中华人民共和国科学技术普及法》，谋划和制定"十五五"发展规划，浙江省科技馆组织编写了"向好奇心致敬"系列图书，这对助力科学教育，很有意义。对此，我要给他们点赞！

　　这套图书很有特色，以真实科学家的科研过程为叙事主线，契合了国家倡导"弘扬科学精神和科学家精神，加强科学方法和科学思维训练"的科普工作要求。书中甄选的科研案例，"源于生活，归于科学"，具有示范价值，生动诠释了科学并非遥不可及，而是源于对周围世界的深度观察与不懈追问，为青少年提供了理解"科学就在身边"的生动载体。

　　好奇心激发想象力，"不懈探索"创造"灵光一现"的科学探求过程充满惊喜。青少年是最富于想象、富于创造的，对于激发其科学兴趣、树立其探索志向，本系列图书能给以启迪。

　　是为序。

李象益

我国首位"卡林加奖"（世界科普领域最高奖）获得者
我国科技馆事业主要创始人
2025 年 8 月 15 日

目录

- 002　苍蝇通过**搓手**洗澡
- 016　昆虫也爱**玩游戏**
- 030　逆风说话**传**得更远
- 040　气味影响**色彩感知**
- 052　猫舌头比**人造刷子**好用

062 打哈欠传染的真相

078 一个泳池里平均有105瓶尿

090 狗尾巴的功能

102 一撮月亮土 未来广寒宫

112 缺觉的蚊子

苍蝇通过搓手洗澡

一滴水会让蚊子承受约 80 倍自身体重的负担,过多的花粉会阻碍蜜蜂的感觉器官……环境中的小颗粒时刻影响着动物们,但它们却能与之和谐相处。为了向动物"前辈"汲取经验,科学家们展开了深入研究……

动物也要"洗澡"?

动物的毛发不仅是保暖的"外衣",更是天然的"防尘外套"——空气中存在着许多小颗粒,可能是花粉、灰尘,也可能是水滴、螨虫,很容易附着在动物身上。这时候,毛发就能形成"缓冲层",让小颗粒悬浮在动物体表上方,减少其直接附着。

那么,是不是毛发越多越"耐脏"呢?答案其实是否定的:毛发越多,积累在毛发上的"污染物"也越多,越是毛发多的小动物,就越容易被小颗粒"污染"。

因此,动物们也需要定期"洗澡",才得以与无处不在的小颗粒和谐相处!

为了研究动物们的清洁方法，科学家们首先建立了一个涵盖动物皮肤与毛发的数学模型——他们将单根毛发模拟为一个圆锥，以它为个例，计算所有毛发的表面积，再将毛发的表面积与皮肤的表面积相加，最终得出动物的真实表面积。

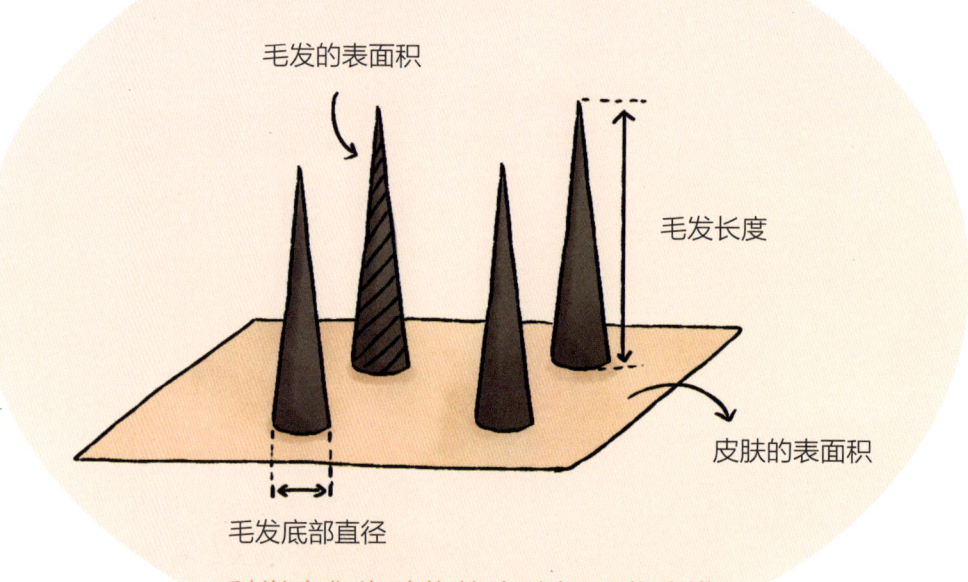

科学家们为动物的皮肤与毛发建模

其次，科学家们研究了让小颗粒黏附在皮肤或毛发表面的三种"神秘力量"。

三种"神秘力量"

范德华力是分子之间的微弱相互作用力，只有在极近距离时才明显。壁虎之所以能在墙上爬行，就是利用了脚掌与墙面之间的范德华力。

静电力是静电荷之间的吸引力或排斥力。冬天脱毛衣会发出"噼啪"声，塑料梳子梳头后会吸引小纸片，都是因为存在静电力。

毛细力是液体在狭窄空间中因表面张力而产生的上升或下降力。当我们把一根吸管放入水中时，水会进入吸管，吸管内的水面上升，甚至可能比吸管外的水面更高，这就是毛细力在发挥作用。

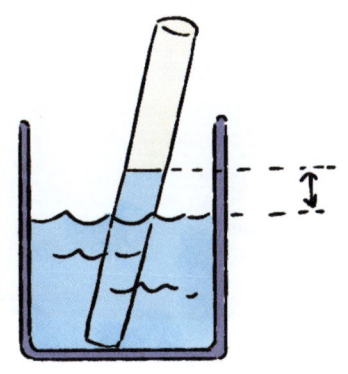

还有一些小虫子，比如甲虫、螨虫等节肢动物，会用跗爪抓住表面上粗糙的地方，科学家们也计算了它们的"小爪子"有多大劲儿，即爪握力。

颗粒与毛发细丝之间的范德华力

水滴与平面之间的毛细力

带电花粉与带电蜜蜂之间的静电力

因受力而弯曲的节肢动物跗爪

最后，科学家们逐一研究不同动物，看看它们怎样"赶走"小颗粒、保持体表干净。

科学家们将清洁方式分为两大类：不可再生清洁方式和可再生清洁方式。不可再生清洁方式是指生物体消耗自身能量来完成清洁行为；可再生清洁方式是指生物体依赖周围环境中的能量来完成清洁行为。自然界中的自清洁行为大多属于可再生清洁方式。

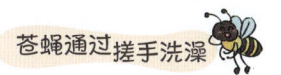

苍蝇通过搓手洗澡

"自食其力"的不可再生清洁方式

附肢清洁

就像人们会用梳子梳头,去除脱落的头发和头皮屑,昆虫也会使用特殊的"刷子"——带有刷毛的附肢,清除积聚的颗粒。

以蜜蜂为例,它们身上特殊的绒毛结构是清洁行为的"大功臣"。

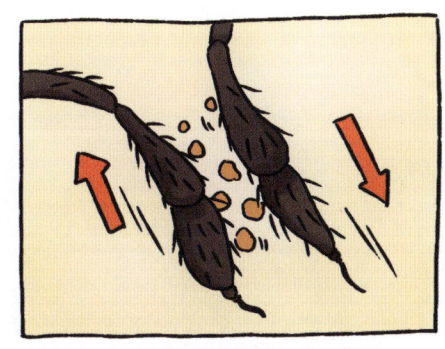

动物用刷毛清除颗粒的示意图

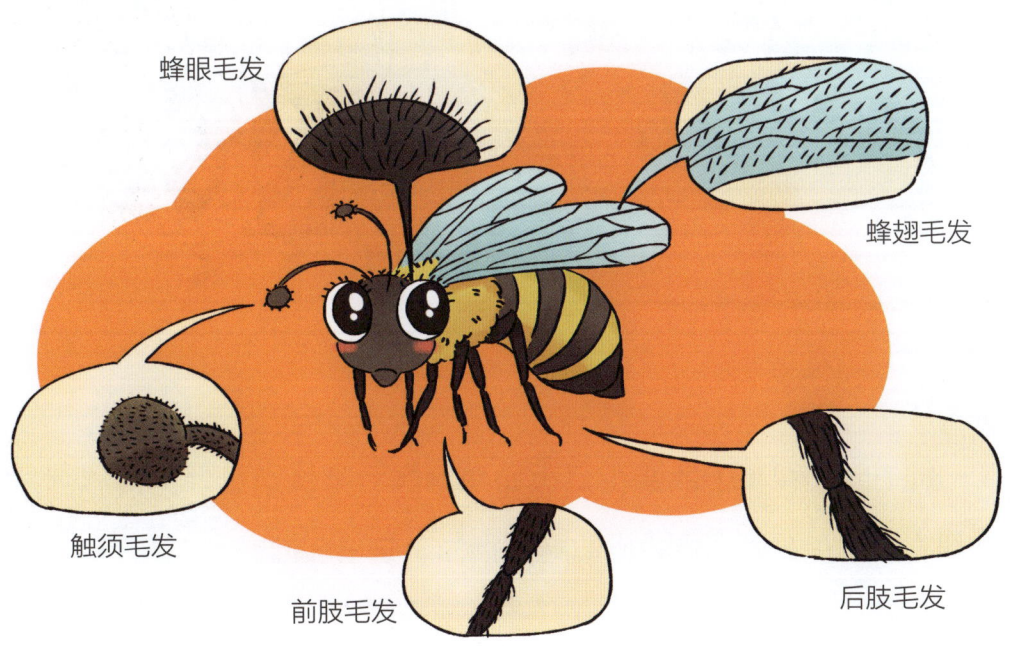

蜜蜂的绒毛结构

为了收集眼睛、翅膀、触角、头部及胸部积累的花粉，蜜蜂会摩擦前肢，将花粉刮下来，再用唾液或花蜜混合它们，用后肢关节处的铰链结构将其压成小团，放进位于后肢胫节外侧的"花粉篮"凹陷区域，将它们"打包"运回蜂巢。

花粉，是美味还是负担？

花粉是蜜蜂的重要食物来源之一，却也可能对蜜蜂造成伤害。研究表明，在一次采集过程中，蜜蜂的花粉负荷可达其体重的30%，而在一天的采集活动中，这一负荷可达到其体重的5倍。如果不定期清除触角、眼睛和翅膀上的花粉，蜜蜂将无法飞行。

对于寄生在身上的螨虫，比如气管螨，蜜蜂通过触觉传感器感知到它们的存在后，也会借助刷拭行为来去除它们。

苍蝇"搓手"也是如此：它们用前腿擦拭触角和复眼，去除附着的污垢和其他小颗粒，就像我们"洗澡搓泥"一样，借此减少身体负荷，让飞行更轻松。

分泌液清洁

用分泌液包裹颗粒并促进其移动，也是一种常见的不可再生清洁方式。以舔舐为例，在这个过程中，唾液施加的作用力需要克服沉积颗粒的附着力，如果舌头上存在特殊结构，比如猫舌头上的"小倒刺"，清洁行为就会更有效率。

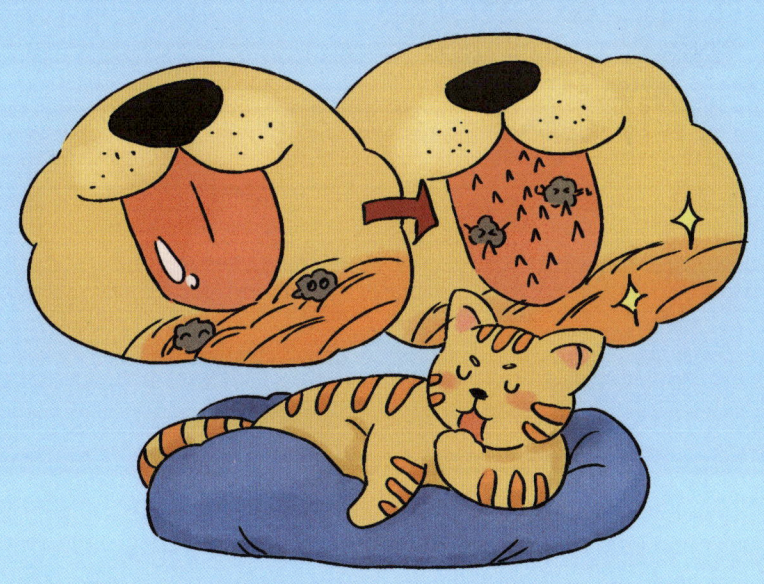

舔舐行为好处多多

❶ 人类和大鼠的唾液已被发现具有抗菌特性。人类的唾液中含有多种抗菌成分，如溶菌酶和免疫球蛋白，这些成分能抑制口腔内细菌的生长。

❷ 体表唾液的蒸发有助于调节体温。例如，猫在炎热时会舔舐自己的毛发，当空气流动时，附着在毛发上的唾液蒸发带走热量，从而帮助降温。

蚂蚁也使用这种方式清洁身体，但它不会舔舐，而是会分泌能够破坏植物花粉和真菌孢子的化学物质。这也是蚂蚁无法像蜜蜂和黄蜂那样传播花粉的原因。

弹拂和摇晃清洁

一些动物能够弹拂自己的毛发，将积累的颗粒像发射炮弹一样弹射出去。比如，壁虎先将脚趾向后大幅度弯曲，再令它迅速回归原位，黏附在脚趾刚毛上的颗粒就会被飞快地弹出去。

壁虎用脚趾刚毛弹走颗粒的示意图

还有一些动物会剧烈摇晃身体或拍打翅膀，去除附着的颗粒。比如，被雨淋湿的小狗会抖动身体，将身上的水珠甩出去。

通常而言，弹拂和摇晃产生的加速度能基本满足去除大多数颗粒的条件。但若想去除细菌、蜱虫等重量太轻或咬合力太强的颗粒，所需的加速度数值超出了上述范围，只能通过抓挠或啃咬等方式。

小狗抖动身体、甩走水珠的示意图

"无限次利用"的可再生清洁方式

与不可再生清洁方式不同的是，可再生清洁方式更注重生物体表的结构与化学特性。只要结构与化学特性满足一定要求，生物就能利用外部的可再生资源，防止污染，尽量保证清洁。

睫毛的自清洁

哺乳动物的睫毛和昆虫复眼前的短毛就是可再生清洁的例子。睫毛和复眼前的短毛可以引导气流绕过眼睛表面，大幅降低泪膜污染。

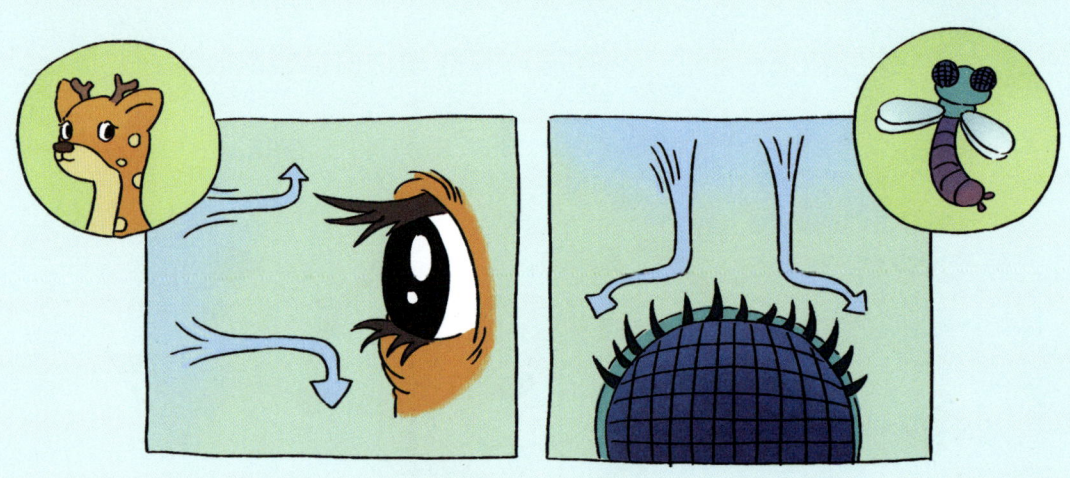

睫毛（左）与复眼前短毛（右）引导气流的示意图

莲花"出淤泥而不染"的秘密

莲花的自我清洁功能依赖于特殊的表面构造,其表面有一层与水不相融的蜡质结晶。当花芽从淤泥中长出来时,蜡质结晶阻碍了泥水的渗入。即使有少量污泥附着,只要有流动的水珠,就能把污泥带走。

莲叶表面布满了微小的突起与沟槽,仿佛一座座山峰、一道道沟谷。水珠在这些凹凸不平的表面滚来滚去,可以一并把灰尘带走。

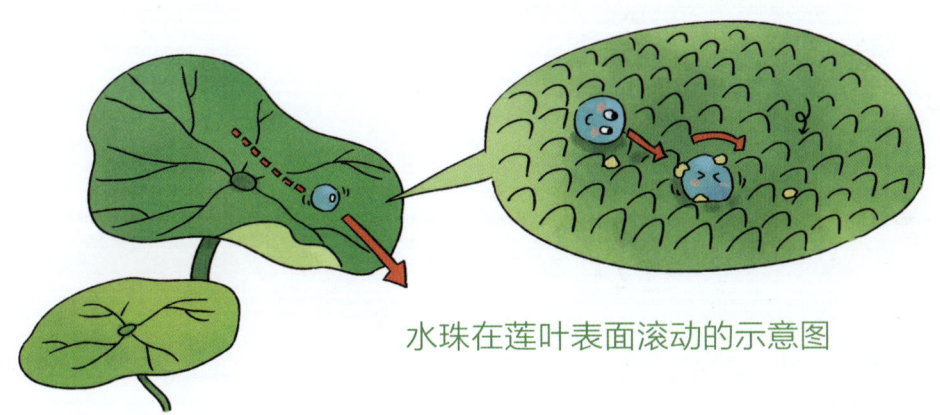

水珠在莲叶表面滚动的示意图

光滑的金毛

金鼹的自清洁方式则与莲花截然不同。凭借着密集而光滑的毛发、排列紧密且有序的毛鳞片(毛发的外层),它们能在土壤中来去自如,不会被颗粒附着、污染。

地球上为什么会有病毒、细菌、苍蝇、蚊子的存在？

把生物分为"对人类有用"和"对人类有害"两类是我们人类的主观视角，但实际上地球是属于所有生物的。

人类出现在地球上的时间只有几百万年，而病毒、细菌、苍蝇、蚊子早在几亿年前就出现了。它们比人类更早地适应了地球上的各种环境。没有别的生物，我们人类也生存不下去。

一些细菌、病毒会让我们生病，但还有很多细菌是有益的。有些细菌可以帮我们制作美食，比如做馒头、包子需要酵母菌，酿酒需要酵母菌和霉菌。还有一些细菌能帮助植物生长，比如大豆根部的固氮菌。苍蝇和蚊子虽然让人讨厌，但同时也是很多动物的食物来源。

酵母菌

霉菌

固氮菌

昆虫也爱玩游戏

　　拼图、棋牌、球类运动，或是简单的放风筝、折纸飞机……人类创造了各种各样的游戏来缓解压力、放松心情。其实，不仅是人类，昆虫也会给自己"找乐子"！来自欧洲的科学家们研究发现：滚球行为是蜜蜂的"游戏"，它们能从这种玩耍行为中获取愉悦感。

蜜蜂喜欢玩游戏？

在 2017 年的一项研究中，科学家们发现了一个有趣的现象：尽管有足够空间可以避开，尽管没什么实际好处，蜜蜂仍会时不时地滚动实验场地内的小球。

这是蜜蜂在玩游戏吗？年龄和性别会不会影响它们的"游戏热情"呢？

蜜蜂的"乐园"

为了解开困惑，科学家们利用 12 个彩色木球、6 个普通木球，设计了一个"蜜蜂乐园"。"邀请" 45 只来自同一蜂群的蜜蜂，展开了每天 3 小时、总计 18 天的实验。

 生命 我猜你不知道

整个"蜜蜂乐园"由三个部分构成：游乐场（实验场地）、通道（隧道）和家（蜂巢）。游乐场里又分为两个区域：提供糖水和花粉的餐厅（饲喂区域），提供固定球和滚动球的球场（物体区域）。

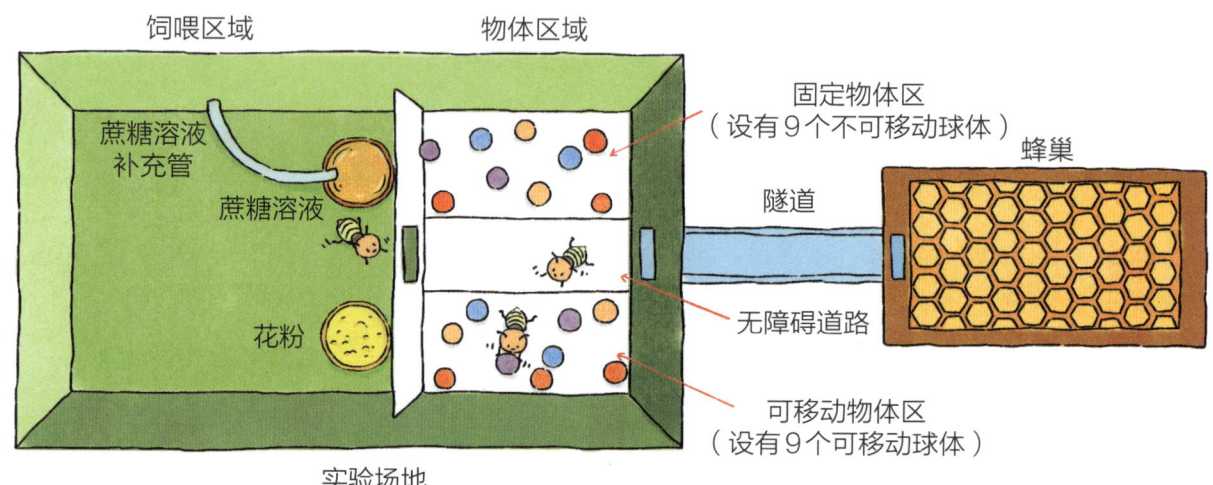

"蜜蜂乐园"俯视图

蜜蜂从家（蜂巢）里出来，穿过隧道，可以自由决定是去餐厅吃东西还是去球场玩一玩。科学家则架起摄像机，记录所有精彩瞬间！

什么是"玩耍"?

要想知道蜜蜂是不是在"玩耍",首先要知道"玩耍"是什么。

就像区分踢足球玩耍和被迫完成体育训练,科学家们为"玩耍"列出了五条判断标准:

1. 玩耍不是出于寻找食物或其他生存需要。

2. 玩耍是自愿的,本身就足够有吸引力。

3. 玩耍的动作和觅食、交配等"工作"的动作不一样。

4. 玩耍是重复但有变化的,不是机械地重复同一个动作。

5. 玩耍通常发生在心情很好、没有压力的时候。

结合视频,科学家们对蜜蜂的滚球行为进行逐一认定。

蜜蜂的滚球行为不是出于生存需要

蜜蜂会特意跑到球场去滚球,而不是前往餐厅吃东西。在玩耍期间也没有咬住球体,这说明它们并没有把球当成食物。

那么,蜜蜂是不是在清理垃圾呢?答案也是否定的。这些球体根本不会滚到餐厅或家里去,而且蜜蜂滚球的路线每次都不一样,显然不是在打扫卫生。

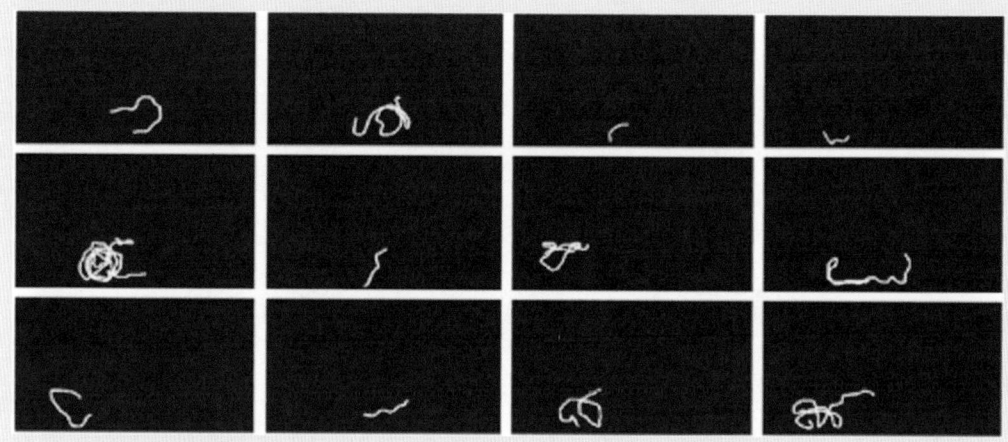

蜜蜂56号(雄性)滚球行为的12个轨迹样本

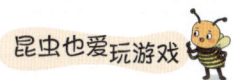

蜜蜂是自愿滚球，不求"奖励"

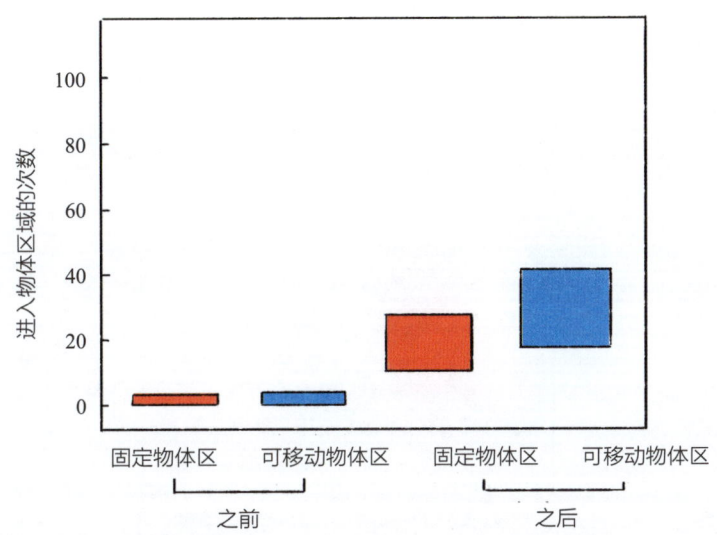

第一次滚球行为前后，蜜蜂对物体区域的偏好

哪怕不会得到食物或者其他方面的实质性奖励，蜜蜂仍然"孜孜不倦"地滚球。科学家们还发现，比起不会动的固定小球，它们更偏爱滚来滚去的可移动小球。

蜜蜂的滚球行为和"工作"不同

蜜蜂的每日"工作"包括觅食、交配、防御等,这些"工作"的动作表现都和蜜蜂的滚球行为不一样。

蜜蜂的滚球行为

蜜蜂的滚球行为重复但不刻板

刻板行为是一种重复、固定、不变的行为,看上去没有明显的目的或意义。如果动物出现刻板行为,通常说明其生活状态并不理想。

在动物园或圈养环境中,熊和大型猫科动物可能会来回踱步,大象和长颈鹿可能会不停地摇摆身体,猴子可能会反复绕圈或啃咬身体,海豚可能会沿着重复路线来回游泳,这些都属于刻板行为,是生活环境受限、缺乏适当刺激、存在心理压力导致的。

刻板行为往往具有可预测的、不变的模式,比如沿直线、圆形或"8"字形等固定路径,重复相同的步数,在行走过程中将脚放在相同的位置。然而在实验中,蜜蜂每次滚球的时间和距离都不一样,并不具备刻板行为的特征。

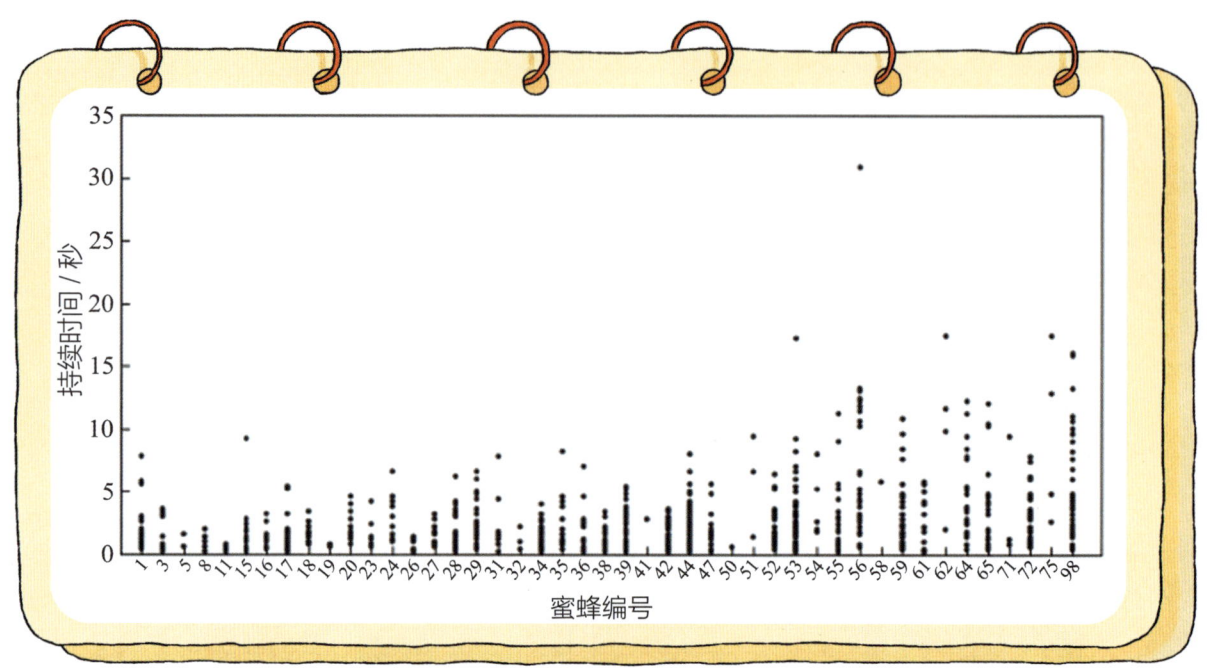

每只蜜蜂单次滚球行为的持续时间

滚球行为发生时蜜蜂没有压力

在实验中,科学家们尽其所能,消除蜜蜂可能面对的压力:他们为蜜蜂准备了源源不断、可随时取用的食物,没有捕捉蜜蜂,也没有限制蜜蜂的行动自由,基本可以排除"滚球行为是由压力引起的"这一可能。

综合考量上述五条标准,科学家们认为:滚球行为确实是蜜蜂的"玩耍"行为!

年轻的蜜蜂更"爱玩儿"

科学家们还发现,年轻蜜蜂(实验开始时最多3天大)比年长蜜蜂(实验开始时至少10天大)更热衷于滚球。

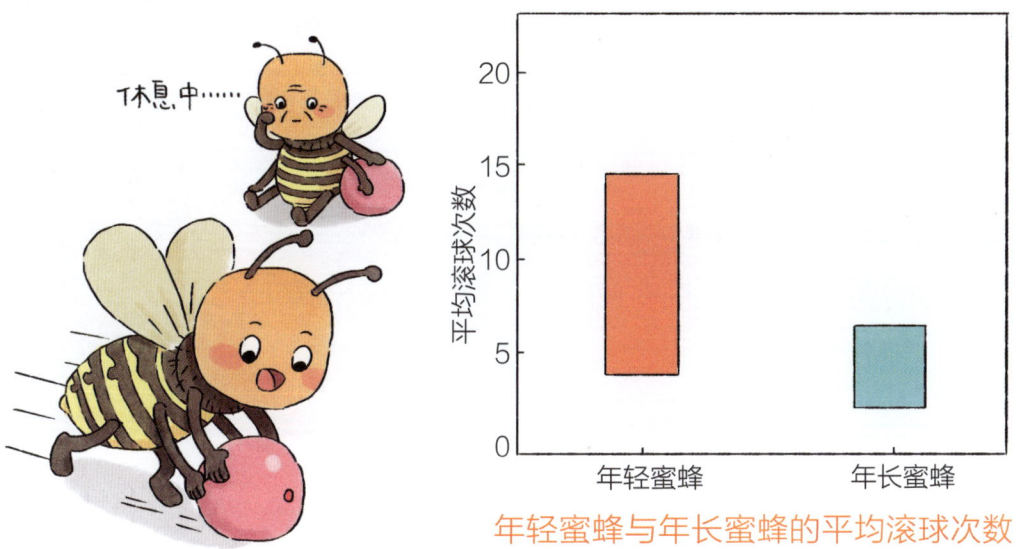

年轻蜜蜂与年长蜜蜂的平均滚球次数

雄蜂比雌蜂更"爱玩儿"

与此同时,雄性蜜蜂比雌性蜜蜂滚球的时间更长,距离也更远。

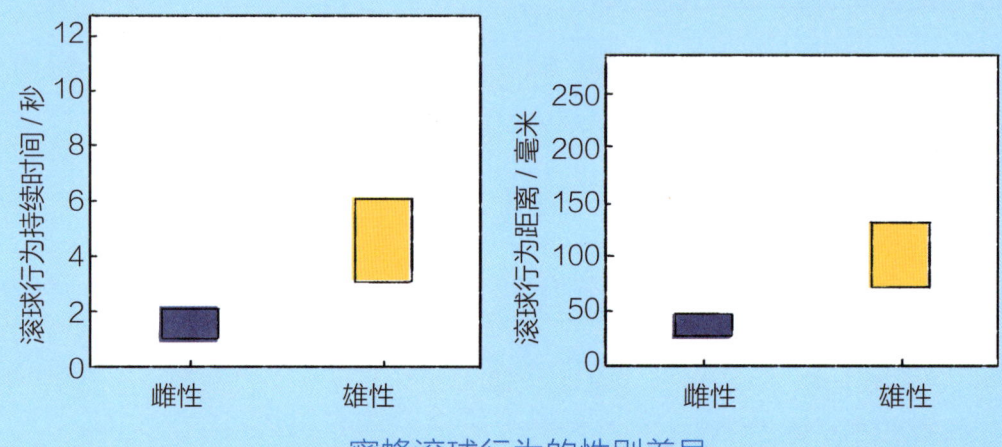

蜜蜂滚球行为的性别差异

科学家们猜测,出现这种现象的原因可能与雌蜂和雄蜂在蜂巢中的职责不同有关。

雌蜂分为蜂王和工蜂两种,蜂王由工蜂照料,只负责产卵繁殖;工蜂则承担了采蜜、筑巢、照料幼虫、保卫蜂巢等几乎所有工作,是蜂群的主要劳动力。

雄蜂不会采蜜,也不会筑巢,甚至连吃饭都要靠工蜂喂养,它们只负责与蜂王交配,确保蜂群能繁衍后代。

在实验室条件下,身为"劳动者"的雌蜂可以获取源源不断的食物资源,因而勤勤恳恳,无心娱乐;雄蜂不承担功能性职责,有更多的"空闲时间"可以参与滚球行为。

为什么青蛙只会跳跃而不会像人类一样走路？

请问科学家

动物有各种各样的运动方式：鸟、蝙蝠和很多昆虫有翅膀，会飞；鱼有鱼鳍，会游泳；蛇、蚯蚓没有腿，会爬或者钻；牛、羊、马、猫、狗等动物有四条腿，会走路和奔跑。为什么动物不像人一样用两条腿走路呢？

采用什么运动方式，跟动物生活在什么环境、有什么样的习性有关。要飞行就必须有翅膀，靠腿可不行；要快速奔跑，四条腿跑肯定比两条腿快。但有得必有失，四条腿跑得快但不如两条腿站立起来的视野好，也不能解放双手做别的事。

青蛙一般生活在水边，既要在水里游，又要在陆地上行动。它们以虫子为食，捕食的方式是静静蹲着，等虫子靠近了跳起来一口吃掉。后腿为了适应这样的生活方式，长得又粗又长，但这样的腿走路就显得不好用了。

逆风说话 传得更远

当我们对着风用力喊话时,总觉得自己的声音好像被风"吃掉"了;相反,顺着风喊话时,不仅感觉更轻松,声音似乎也传得特别远。那么,风真的会让声音"消失"或"变大"吗?来自芬兰的科学家们用两组实验告诉我们,事实和我们的想象并不一样。

声音和风,谁更厉害?

风对声音的影响其实十分有限:声音的传播速度超过 300 米 / 秒,而风速通常只有不到 20 米 / 秒,风无法阻止声音朝迎风方向传播。

既然如此,为什么我们还会觉得对着风大喊很"吃力"呢?首先,我们要知道声音是如何传进耳朵的。

声音的"秘密通道"

声音要想传进我们的耳朵,有两条神奇的"秘密通道"。

空气通道:声音从嘴巴往外传播,经过空气传到耳朵。如果头部周围有风,声音就会受到风的影响,被增强或削弱。

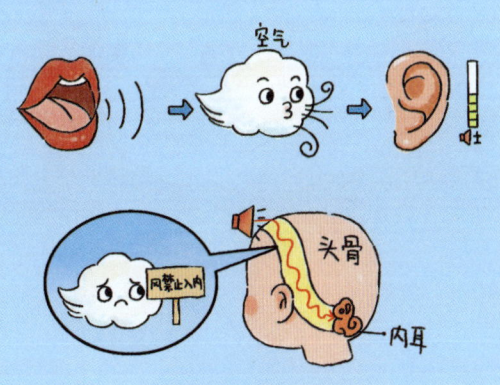

骨骼通道:声音通过头骨直接传到中耳和内耳。这一通道完全不受风的影响。

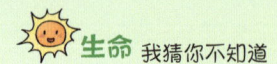

　　除了这两条秘密通道，声音也可能会被四周的环境反射回来，让耳朵接收到更多的声音。不过，在刮风的空旷地带，呼呼的风声会掩盖被反射回来的声音。所以在大风天喊话时，我们听到的大多是从嘴到耳朵的直接声音。

　　科学家们因此猜测，人们感觉"对着风喊话喊不动"，并不是嗓门变小了，而是风影响了声音从嘴巴到耳朵的传播，让我们的耳朵接收到了更少的声音。

用"模拟人头"破解风的奥秘

为了验证这个有趣的猜想,科学家们做了一个特别的实验:他们用一个半径 10 厘米的圆柱体模拟人的头部,为它装上"嘴巴"(用来发声的扬声器)和"耳朵"(用来收音的麦克风),再用风扇吹风,并分别在"逆风"和"顺风"的情况下,记录声音传播的路径和强度变化。

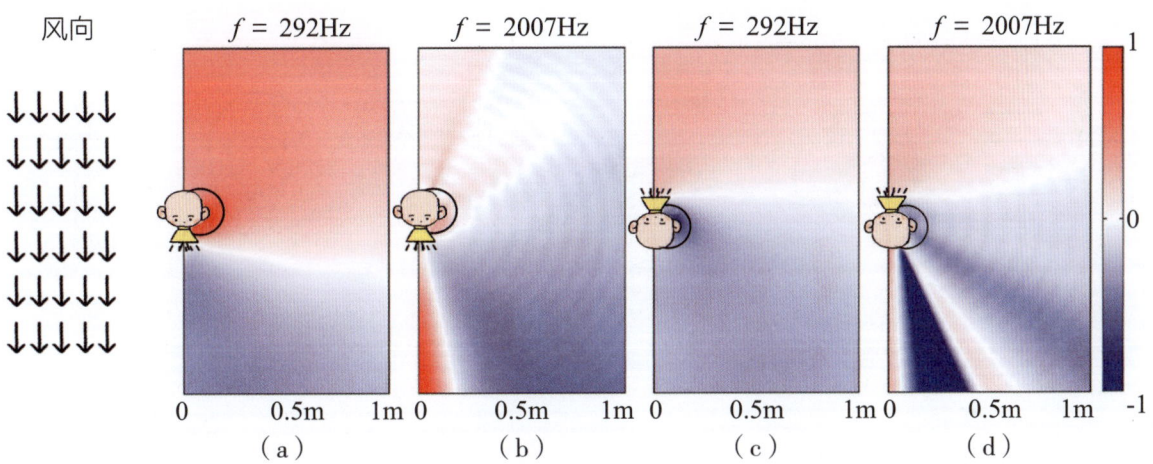

不同条件下风场与声场的模拟结果[图中右侧色标从红色(1)到蓝色(-1)表示声场强度差异,越红越强,越蓝越弱]

实验结果表明:

a、b 图中,半圆形右侧(黑圈内)呈红色,说明顺风喊话时耳朵附近的声压会增加,耳朵接收到更多声音;

c、d 图中,半圆形右侧呈蓝色,说明逆风喊话时耳朵附近的声压会降低,耳朵接收到更少声音。

科学家们的猜测是对的，逆风喊话时，我们的耳朵听到的声音真的变小了！

科学家们进一步研究得出：

顺风喊话（嘴巴朝向与风吹的方向相同）时：风从背后吹来，气流会将一部分声音"卷"到说话人的耳朵附近，这种现象被科学家称为"对流放大效应"。

逆风喊话（嘴巴朝向与风吹的方向不同）时：风迎面吹来，环绕头部的气流会"挡住"一部分从嘴巴发出、原本要传到耳朵的声音，让说话人的耳朵接收到的声音变小，这种现象被科学家称为"对流衰减效应"。

风对声音的"隐藏魔法"

科学家们还发现了两个风影响声音的"小秘密":

❶ 无论是顺风喊话还是逆风喊话,风都会在逆风一侧形成声压更高的高声压区,在顺风一侧形成声压更低的低声压区,这两个区域的分界线与嘴巴的位置一致,即图中绿线所示。

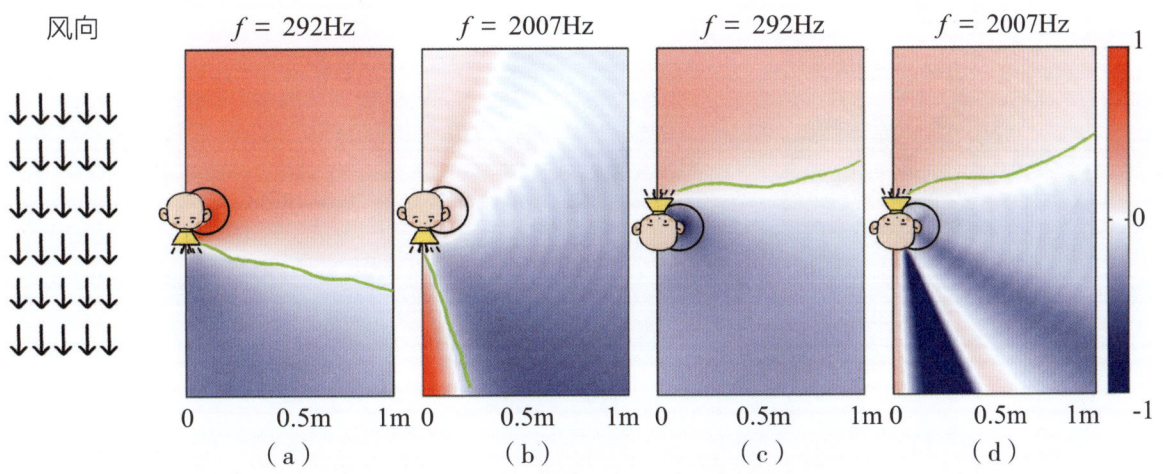

不同条件下风场与声场的模拟结果[图中右侧色标从红色(1)到蓝色(-1)表示声场强度差异,越红越强,越蓝越弱]

❷ 声音频率较高时,风绕过人头的轨迹很像旋涡,会在头部背后形成一个尾巴似的小区域(又称"尾流区"),对较高频率的声音产生波导作用,有助于声音传播。

想象一下,如果将声波"关"在某条管道中,它是不是会被限制在管道内部,沿着指定方向传播,能量损失也更少?这就是"波导效应"!

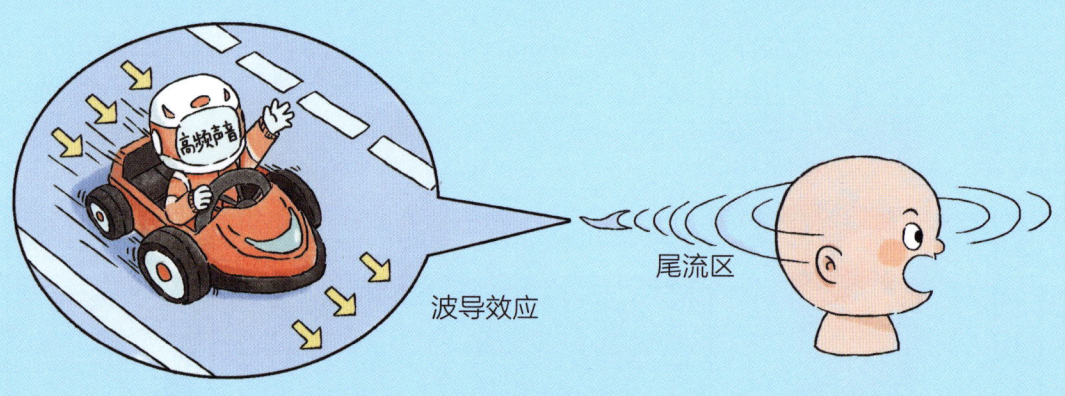

波导效应　　　　　尾流区

波导效应为波(如声波、光波等)修建了一条"高速公路",让它们能集中能量,乖乖地沿着固定路线,跑得又快又远,而不是散失到四面八方。

跑道上的"吹风"实验

为了让研究更加严谨,科学家们还专程去赫尔辛基-马尔米机场,在一个大跑道进行真实场景测试。他们把模拟"人头"安装在一辆小面包车的车顶,一边驾驶车辆,模拟逆风和顺风状况,一边用麦克风记录声音。

结果和实验室内的发现相符:逆风时,耳朵接收到的声音比顺风时更弱。

科学研究见真章

这项研究告诉我们:我们对外界现象的感知不一定是客观的,风速、声音、空间形状等都有可能影响我们的感官认知,而科学能拉近我们与真相的距离!

为什么冰糖是透明的，但被砸碎成小颗粒就不透明了？

这个问题看上去很简单，可人类却花了近千年的时间才找到答案。我们先来说说更大的问题，为什么有些物体透明，有些物体不透明呢？光线照射在物体上有几种可能：

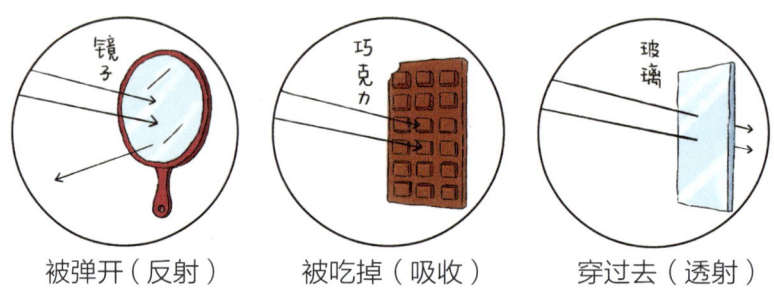

一个物体透明还是不透明，要看大部分光线会不会被它吃掉或者弹开，而这主要由组成物体的原子或者分子的"脾气"（量子特性）决定的，透明的物体几乎不吸收光线。

冰糖透明，是因为其晶体结构规则，分子排列整齐，光线能够沿着晶格方向均匀传播，散射现象较少。冰糖被砸碎成小颗粒，会导致光线在传播过程中发生多次反射和散射，而且颗粒之间的空气隙也增加了光线的散射，看上去就不透明了。

气味影响色彩感知

当白葡萄酒被染成红色,专业的品酒师也可能将其描述为红葡萄酒风味。这是因为,某一种感官受到的刺激可能会影响另一种感官的感知和判断。英国的科学家们用实验证明:不光颜色会影响人们对气味的感知,气味也会影响人们对色彩的感知!

用鼻子"调色"

科学家们招募了 24 位嗅觉和色觉健康的志愿者（11 名男性和 13 名女性），将他们依次安置在一个关闭灯光、贴有遮光窗膜、空气被净化过的房间，利用室内的超声波扩散器，悄悄地引入环境气味。

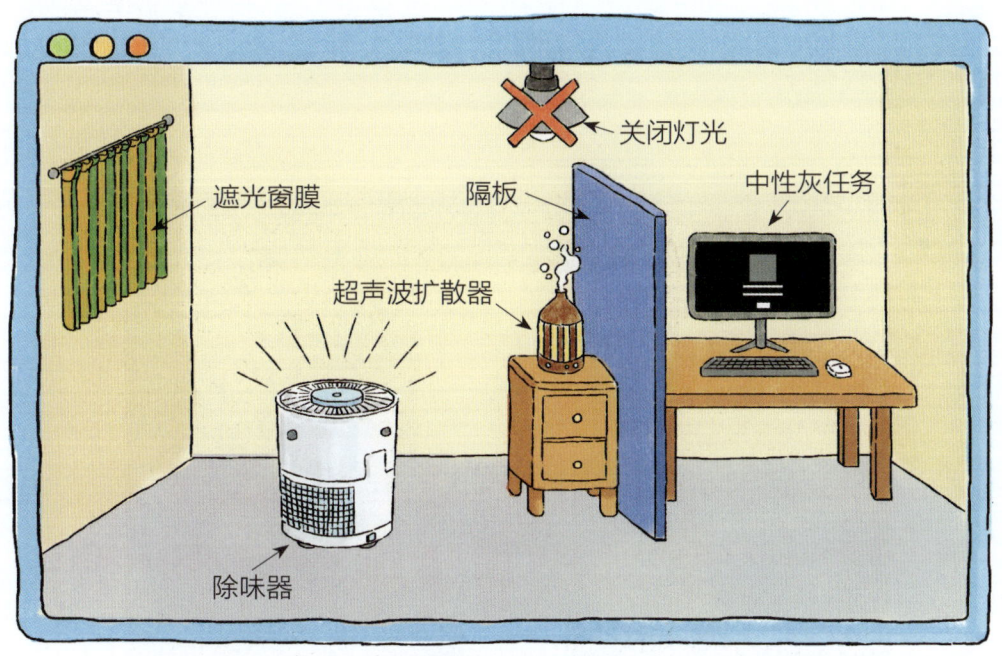

实验房间示意图

科学家们之所以在实验前先对房间内的空气进行净化,是为了确保实验中出现的、能被志愿者闻到的气味都是他们引入的——只有这样,实验才不受其他因素干扰,足够科学合理!

在不同的环境气味条件下,志愿者被要求使用电脑调整一个颜色块,让它变成一个不偏红、不偏蓝、不偏黄、不偏绿的灰色色块,即"中性灰任务"。

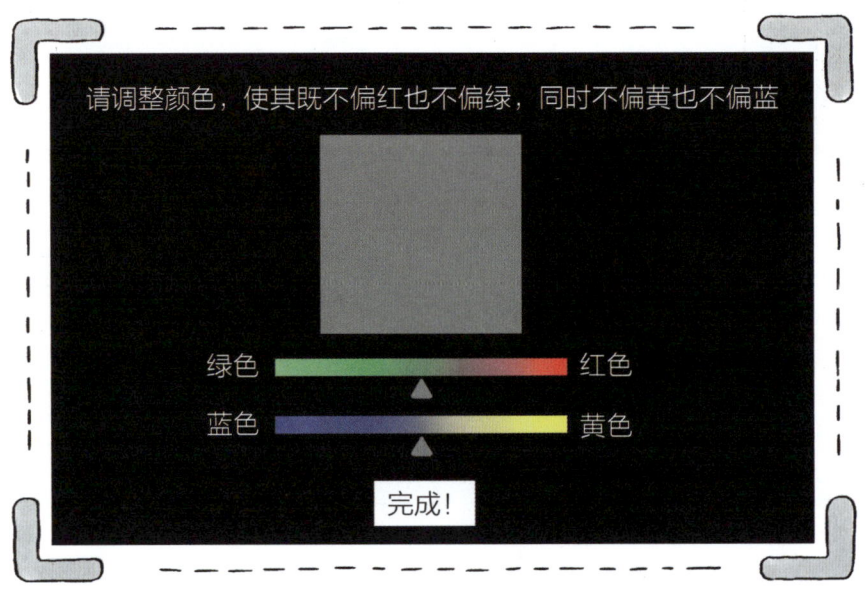

中性灰任务界面截图

完成中性灰任务后，志愿者还要猜一猜他们闻到了哪些气味。科学家们为他们提供了一个带有26个选项的气味列表，比如罗勒、樟脑、焦糖、樱桃、巧克力……

但事实上，科学家们在实验中只使用了5种气味：焦糖、咖啡、樱桃、薄荷、柠檬。在已有的实验中，这5种气味已经被证明与某种颜色存在对应关系：

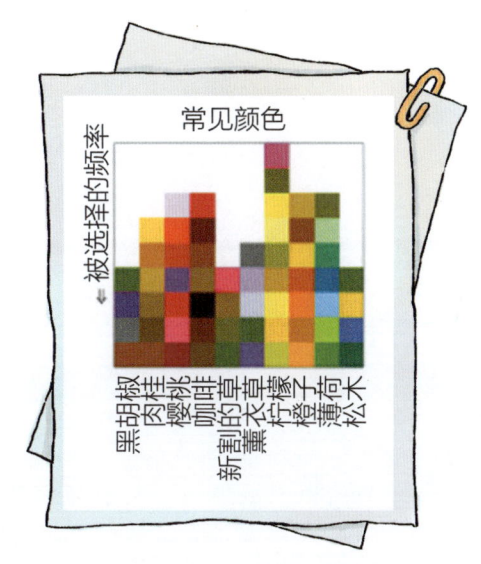

已有研究中每种气味对应被选择的颜色

焦糖 ↔ 深棕色、黄色

咖啡 ↔ 深棕色、红色、黑色

樱桃 ↔ 粉色、红色、紫色

薄荷 ↔ 绿色、蓝色、青色

柠檬 ↔ 黄色、绿色、粉色

科学家们还使用了没有任何气味的水作为对照组。

真相裁判员：对照组

对照组是科学实验中用来比较和验证实验效果的组别。

它与实验组（接受特殊处理或存在特殊条件的组）不同，不接受任何特殊处理、不存在任何特殊条件。通过对比实验组与对照组的结果，研究人员可以判断实验变量（比如某种药物、气味或方法）是否对实验结果产生影响，而非其他因素干扰。

比如，在研究气味是否影响色彩感知的实验中，对照组的志愿者不会闻到气味，而实验组的志愿者会闻到特定气味，通过比较两组的颜色调整结果，科学家们可以确定气味是否影响色彩感知。

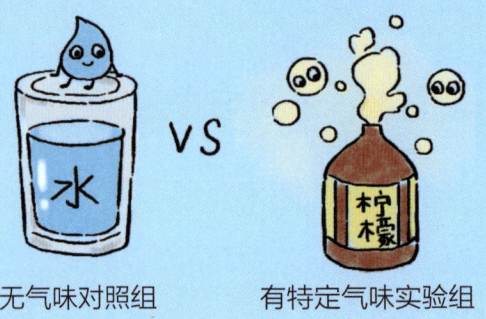

无气味对照组　　　　有特定气味实验组

科学家们记录了志愿者在每种气味条件下调整色块后的颜色值，将其与对照组条件下的颜色值进行比较，分析它们的色相角度，检验其是否向某一色调偏移。

惊人的实验结果

结果表明：在闻到任何气味的情况下，志愿者调出的"中性灰色"都偏向暖色调（如红色或黄色）。这证明了科学家的第一个假设：气味会让色彩感知发生系统性偏移。

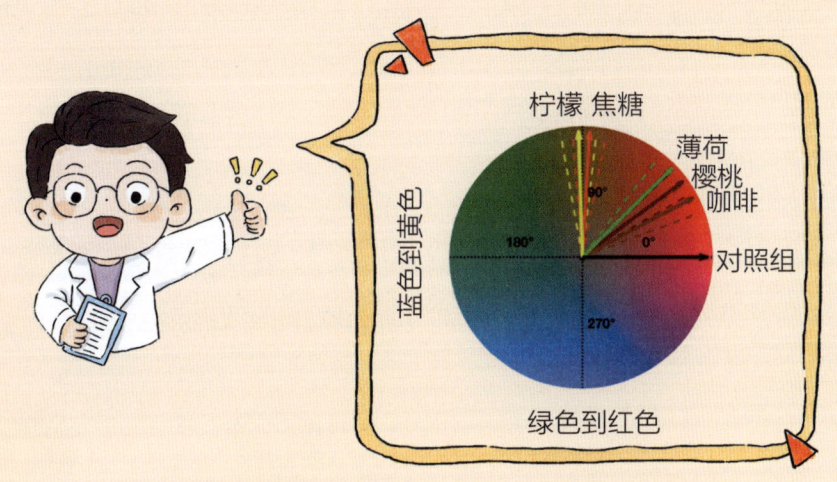

每种气味相较于对照组的颜色偏移角度

5种气味里，有4种气味会让志愿者调出的颜色不仅偏向暖色调，还与该气味对应的颜色更一致：

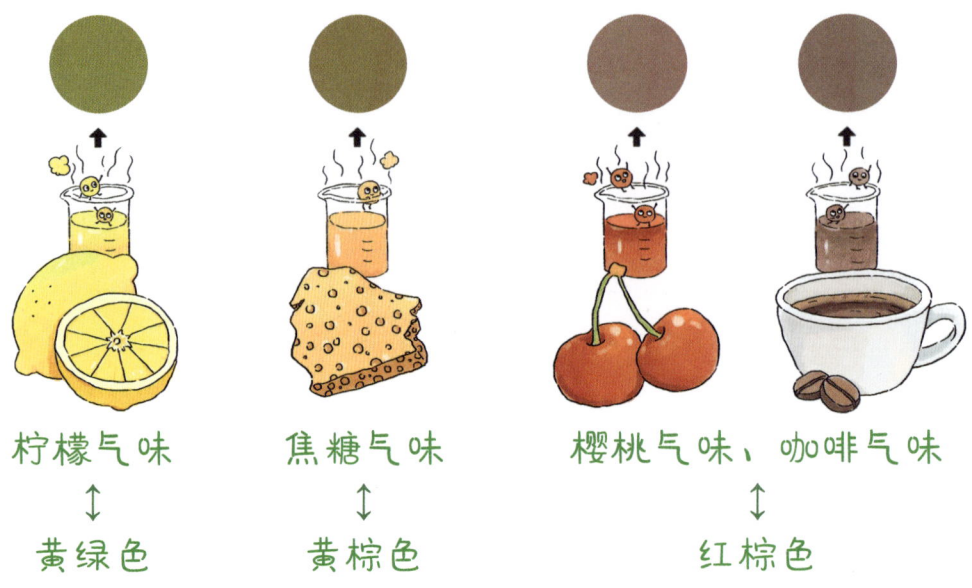

薄荷气味是唯一的例外。科学家们最初预计它会让志愿者调出的"中性灰色"偏向绿色或蓝色,实际却偏向了红棕色。

而在无气味的对照组实验中,志愿者调出的"中性灰色"与真正的中性灰色几乎没有偏差。这表明,实验中的颜色偏移现象确实是由气味引起的,而非其他外部因素的干扰。

气味为什么会影响色彩感知?

结合实验结果与已有研究,科学家们做出了几种推测:

❶ 人们对气味来源的认知可能会影响色彩感知。比如,焦糖本身是棕黄色的,当人们成功识别它,就会将它与类似的颜色联系起来。

❷ 即使不知道气味的具体来源，气味自身的属性可能也会影响色彩感知。比如，气味的可识别性和熟悉度会影响人们选择的颜色饱和度，气味的刺激性强度和令人不快的程度会影响人们选择的颜色亮度。

❸ 当人们无法识别气味时，情绪可能会影响他们对颜色的选择。比如，不熟悉的气味可能会引发不安或其他情绪，从而改变对色彩的感知。

为什么鱼有一股腥味？

鱼的腥味其实有好几种，不同腥味有不同的原因。

❶ 主动产生的：鱼皮上的黏液和鱼的血液里本身含有一些腥味物质。因此，我们用手抓了活鱼之后，手上会留下淡淡的腥味。

❷ 被动产生的：鱼死了之后，身体里的某些物质被分解产生的味道，即腥味。其中一种物质是氧化三甲胺，很多海鱼用其来适应深水压力。生活的海域越深，鱼身体里的氧化三甲胺含量就越高。氧化三甲胺本身没有气味，吃起来还有鲜甜味。但鱼死了之后，氧化三甲胺会被细菌分解，产生三甲胺和二甲胺，这些物质有腥味。因此，海鱼刚捕捞上来的时候，其实没有什么腥味，但它们死后很快就会产生腥味。淡水鱼的身体里氧化三甲胺的含量很低，这就是为什么大家都觉得死掉的海鱼要腥得多。

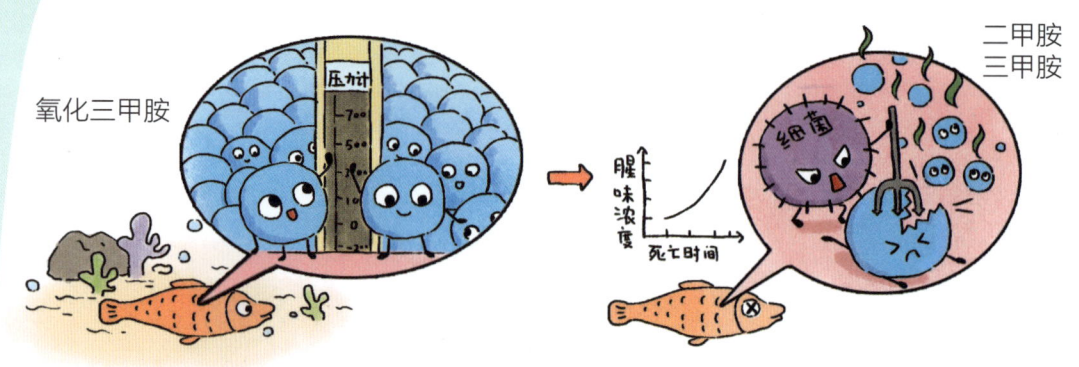

❸ 被鱼吃进去的：有些微生物（如蓝藻、放线菌）会分泌土腥味的物质。如果鱼生活的水域营养比较丰富，这些微生物就大量繁殖，其分泌到水里的腥味物质被鱼吃进去，或者透过鱼的皮肤渗进去，就会让鱼吃起来有浓重的土腥味。这些会产生土腥味的微生物一般生活在淡水里，所以海鱼不太有土腥味。

你能回忆起来你闻到过几种鱼腥味吗？下次去逛超市的时候可以注意一下哦！

猫舌头比人造刷子好用

被猫咪舔舐手掌的时候,是不是感觉刺刺的?这是因为猫舌头的表面布满了锋利的、向后弯曲的角蛋白乳突,用于抓取食物、清洁身体、梳理毛发。科学家们研究了猫舌乳突的结构与工作原理,设计了一款仿造猫舌的梳理刷,比普通的人造刷子更好用!

猫咪的"美容"录像

科学家们使用每秒500帧的高速摄像机,拍下了3只成年短毛家猫梳理背部毛发的过程。

录像显示,猫咪梳理毛发分"四步走":舌头伸展,舌组织横向扩展并硬化,舌头像刷子一样在毛发中扫动,舌头以"U"形卷曲收回。

一只家猫正在梳理毛发

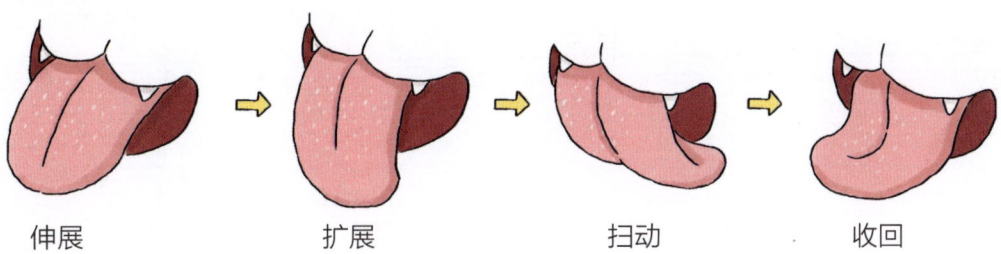

伸展　　扩展　　扫动　　收回

在舌组织横向扩展并硬化的时候,猫舌头远端的大乳突会竖起来,这样就能接触到更多毛发了。

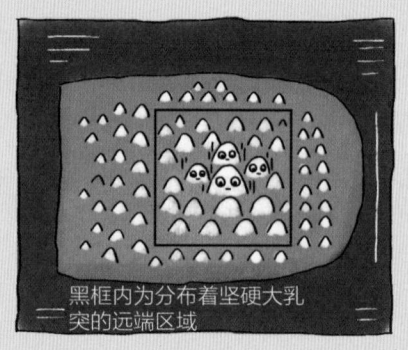

家猫舌头的微型CT扫描图

神奇的吸水"小钩子"

科学家们收集了6种猫科动物(死亡后)的舌头。他们将这些舌头洗干净,用微型CT进行扫描,生成了便于研究的3D模型。

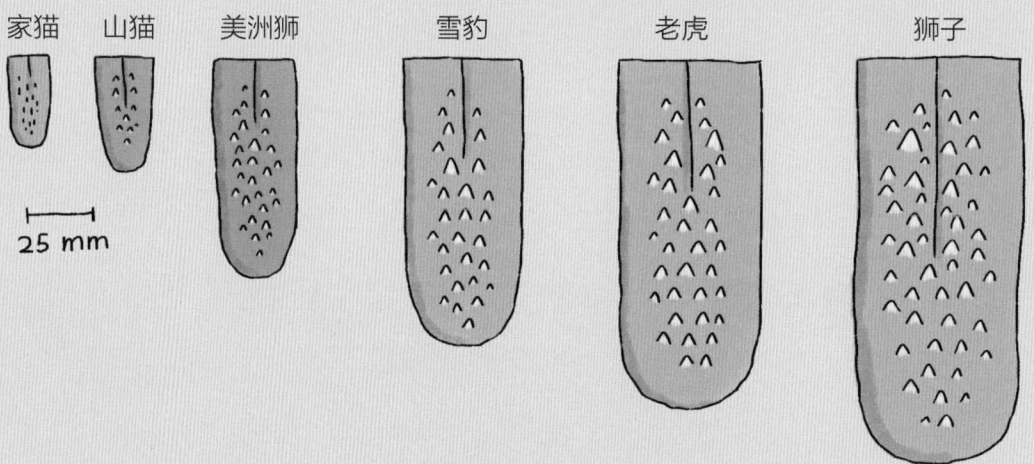

6种猫科动物的舌头

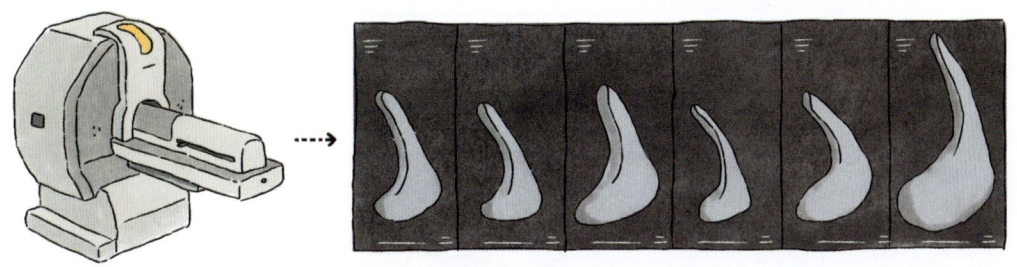

从左到右，分别为家猫、山猫、美洲狮、雪豹、老虎和狮子的乳突微型CT扫描图

以前，大家都以为猫舌头上的乳突是实心的，就像一个个小钩子。然而，科学家们在此次研究中发现，这些"小钩子"其实有两个空腔：一个在底部，用于组织附着；一个在顶部，呈"U"形，能够自发吸取水分。

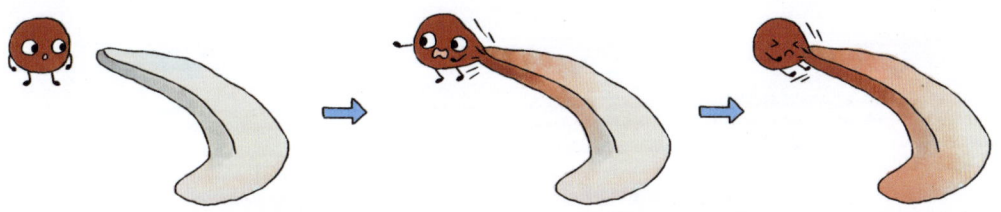

家猫乳突在0.1秒内吸取红色食用染料

猫咪是怎样舔毛的？

为了弄明白猫咪究竟是怎样用舌头刷毛的，科学家们制作了一台模拟猫咪刷毛的自动梳理机。这个机器能模拟猫舌头压在毛发上，然后向右移动。

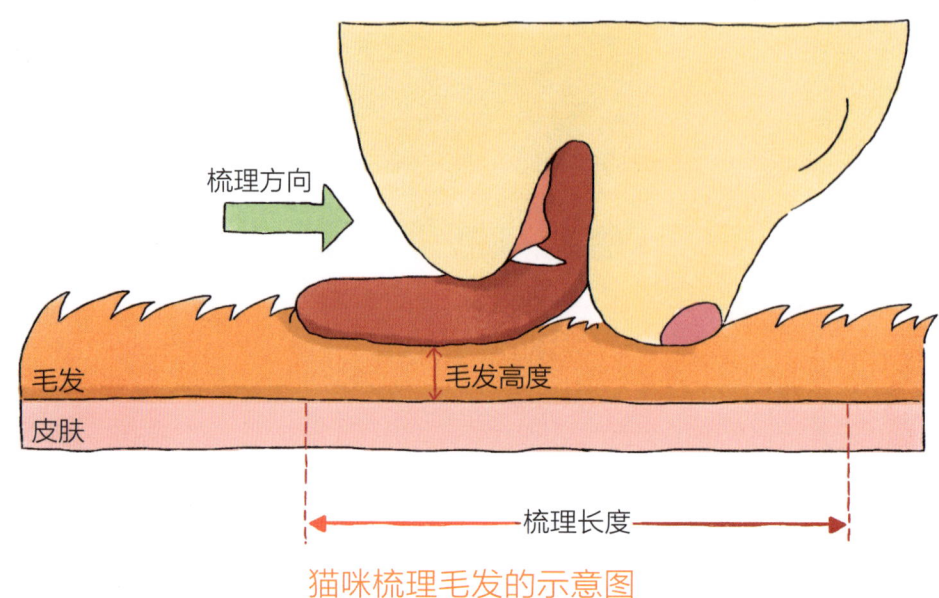

猫咪梳理毛发的示意图

当猫舌头向下压时，猫毛的高度和间隙都会缩小，也就是猫毛被"压扁"了。

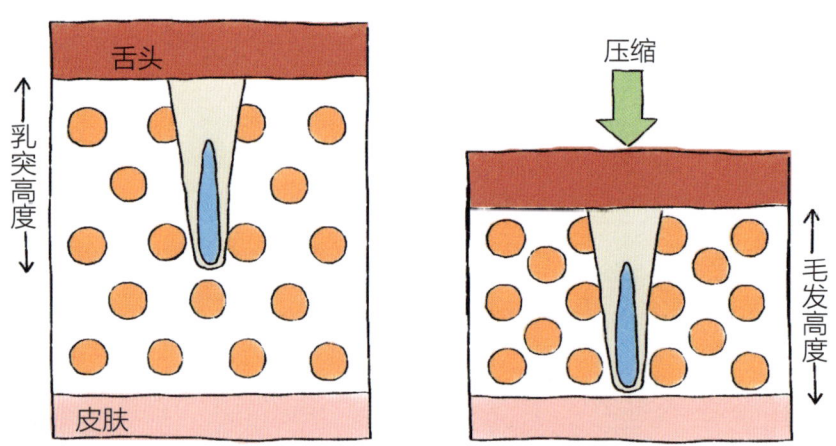

毛发被压缩前后的特写图

实验发现，猫毛被压得越扁，猫舌头上的"小钩子"就越容易穿过它们，触达皮肤表面。因此，像波斯猫那样毛发又长又密的猫咪，毛发就很容易纠结成团，而狲猁、猎豹等毛发短而稀疏的猫科动物则更容易打理自己的毛发！

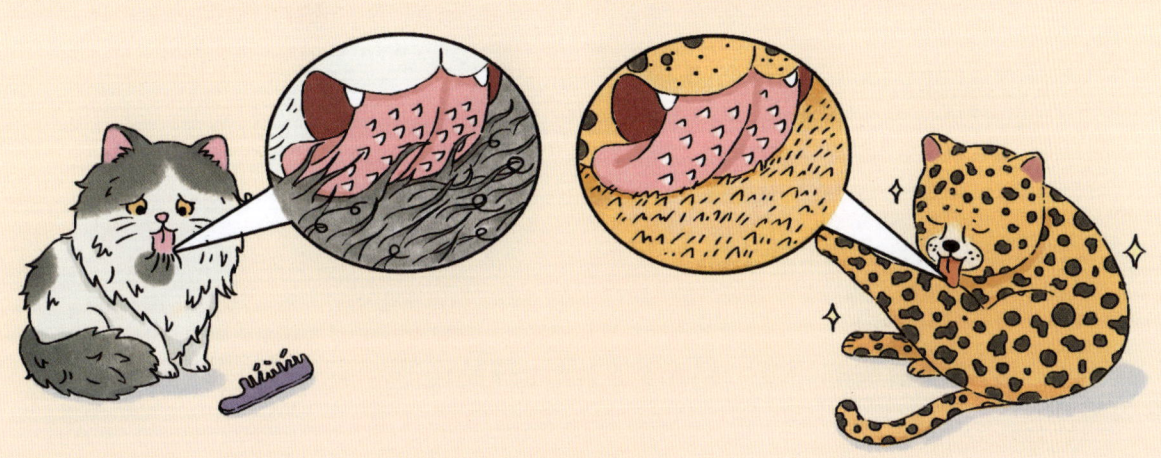

猫咪舔毛可以"降温"

科学家们还发现，舔毛行为可以帮助猫咪调节体温：猫咪进行舔舐行为时，"小钩子"里储存的口水会被释放出来，在蒸发时带走多余的热量。

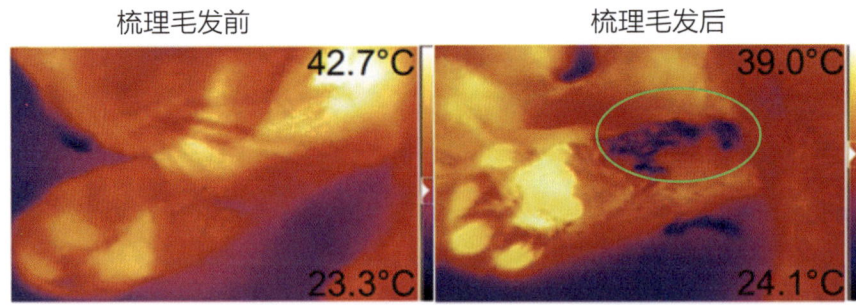

家猫梳理腿部毛发时的热成像图

热成像图中,白色表示最热,紫色表示最冷,图中绿色框框出来的区域即猫咪舔舐的区域。

"TIGR刷"的诞生

受到猫舌头的启发,科学家们设计并制造了一款名为"TIGR刷"的新型梳理刷。

用紫外线染料染色并用黑光灯照射的家猫舌头切片

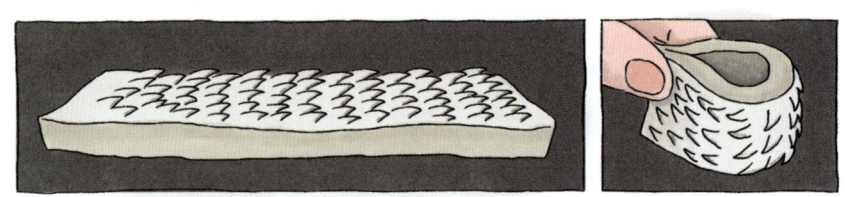

与家猫舌头具有相似柔韧性的3D打印TIGR刷

这种刷子模仿了猫舌头上"小钩子"的形状和排列方式，按照家猫舌头的 400% 比例制造，使用了柔软的材料，让刷子可以适应弯曲的表面。

使用 TIGR 刷进行梳理时，如果遇到打结的毛发，刷面上方的"小钩子"可以向外旋转，让梳理更省力。

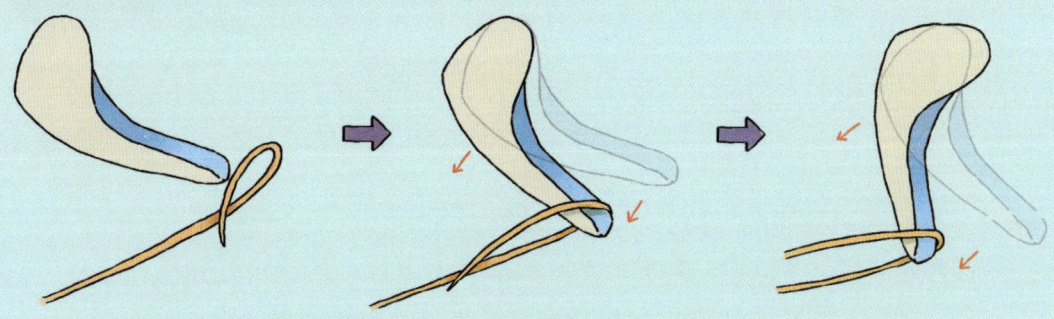

流线型乳突遭遇缠结，会挂住缠结，旋转直至垂直于舌头

普通的刷子用久了，总会缠上很多头发，不好清理。与普通刷子不同，TIGR 刷只要顺着"小钩子"的方向轻轻一梳，就能把缠在上面的毛发都清理掉，是不是很方便呢？

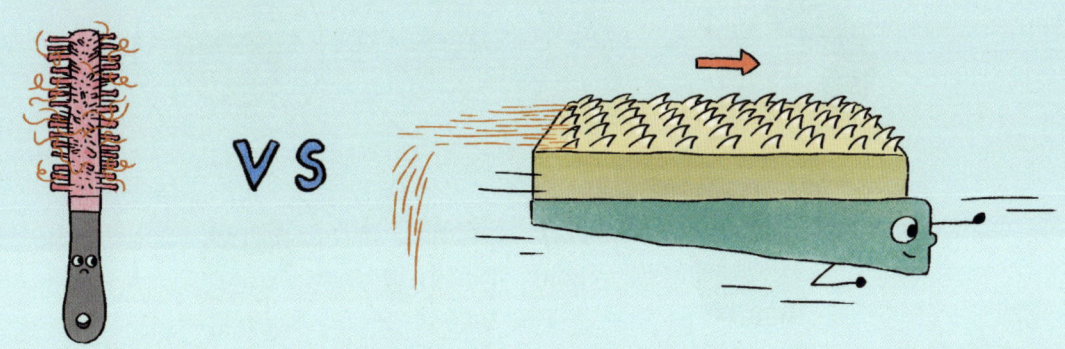

为什么猫只能发出喵喵的声音，狗只能发出汪汪的声音……而人可以发出各种声音？

请问科学家

人们用长笛演奏音乐，通过堵住或者放开气孔，长笛就能发出不同的音调；拉手风琴，通过拉开或者收拢琴体，手风琴也能发出不同的声音。这告诉我们，通过改变物体的形状、出气位置等可以产生不同的声音。

这正是我们说话时所做的事情，我们通过调控呼吸气流、声带振动状态，配合舌头、嘴巴等的动作，发出不同的声音。

另外，人的发声器官比猫狗的精巧，更适应发出各种音节，这也是我们人类为了适应说话交流而进化出来的。

还有一些声音的发出是靠技巧的。比如吹口哨，需要有技巧地控制嘴型和气流；口技是一种利用嘴唇碰撞、口腔壁振动、气流控制等发音的技巧。动物没有掌握这些技能，因此，人可以比动物发出更多种类的声音。

打哈欠传染的真相

你有没有过这样的经历，一看到别人打哈欠，自己也哈欠连连？人们往往以为打哈欠传染的是困意，然而美国纽约州立大学的科学家们通过科学实验打破了人们的认知。打哈欠传染的可能不是困意，而是警惕性。

"瞌睡虫"来了!

打哈欠的动作十分固定,一般分为三个步骤:

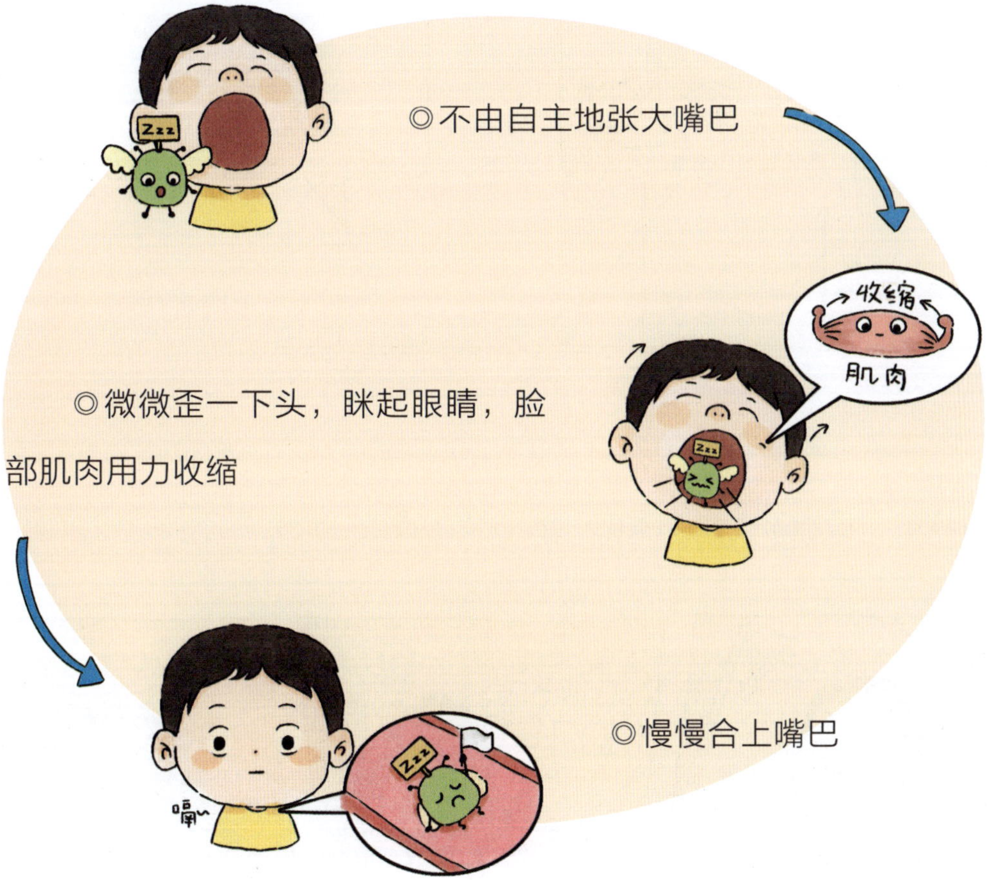

◎ 不由自主地张大嘴巴

◎ 微微歪一下头,眯起眼睛,脸部肌肉用力收缩

◎ 慢慢合上嘴巴

看上去就像有一只小小的"瞌睡虫"被我们吃掉了!

打哈欠的"高峰期"

人类打哈欠的频率在一天中呈双峰分布:早上醒来后和晚上睡觉前,打哈欠的次数最多。

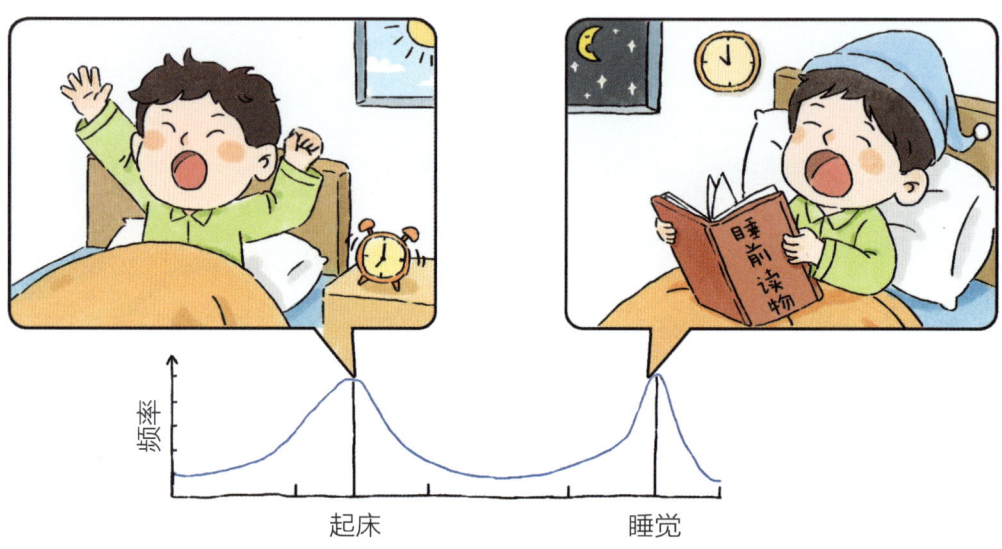

此外,在感受到压力时,人们也会打哈欠。比如跳伞员第一次跳伞前、音乐家上台表演前、运动员比赛前,都会忍不住打哈欠。

打哈欠传染的真相

除了人类,灰颊白眉猴、食蟹猕猴、黑猩猩、南非鸵鸟等动物,它们也经常在睡觉前后打哈欠。

有些小动物(比如纳斯卡鲣鸟)在感到害怕时或危险消失后也会打哈欠!

穿蓝袜的"鸟中绅士"

纳斯卡鲣鸟是一种生活在东太平洋沿岸的海鸟,以其独特的外貌和求偶行为而闻名。

它们的身体呈流线型,羽毛洁白,翅膀和尾巴带有黑色点缀,头顶则是淡黄色,蓝色的脚掌仿佛穿了一双蓝色袜子。

在求偶时,雄性纳斯卡鲣鸟会高高地抬起自己的蓝色脚掌进行展示,就像跳舞一样,以此打动雌鸟。

生命 我猜你不知道

打哈欠对身体有好处

"切换"状态

打哈欠时的动作会让我们心跳加速，大脑里的血液和脑脊液也会流得更快。这能帮助我们从一种状态调整至另一种状态，比如从困倦到清醒，从而提高专注度。

大脑的隐形保镖

脑脊液是一种无色透明的液体,环绕在我们的大脑和脊髓周围。我们可以把它想象成一个装满水的垫子,当头部受到撞击(比如摔倒)时,脑脊液会吸收冲击力,防止脆弱的脑组织直接撞到坚硬的头骨上,避免脑损伤。

它还可以提供营养、带走代谢废物,维持颅内压力稳定,保证大脑的健康。

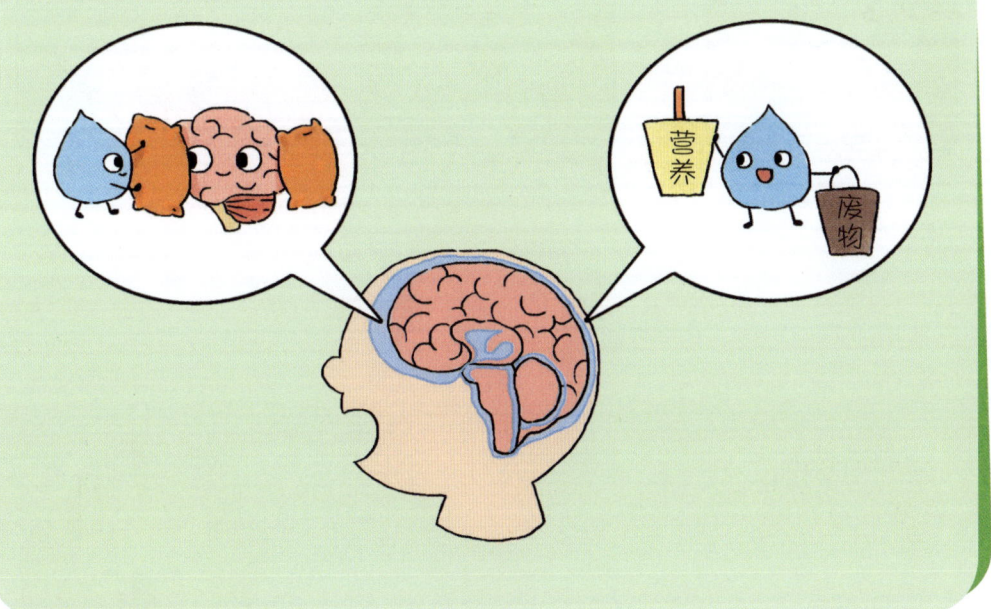

调节脑温

对人类、啮齿动物和鸟类等恒温动物的实验室研究表明：在打哈欠之后，大脑和颅骨的温度会下降。这或许是因为，打哈欠会增加脑部血液流动，带走多余热量，促进鼻子通气，加速热量散发，与环境进行冷热空气交换，从而降低脑部温度。

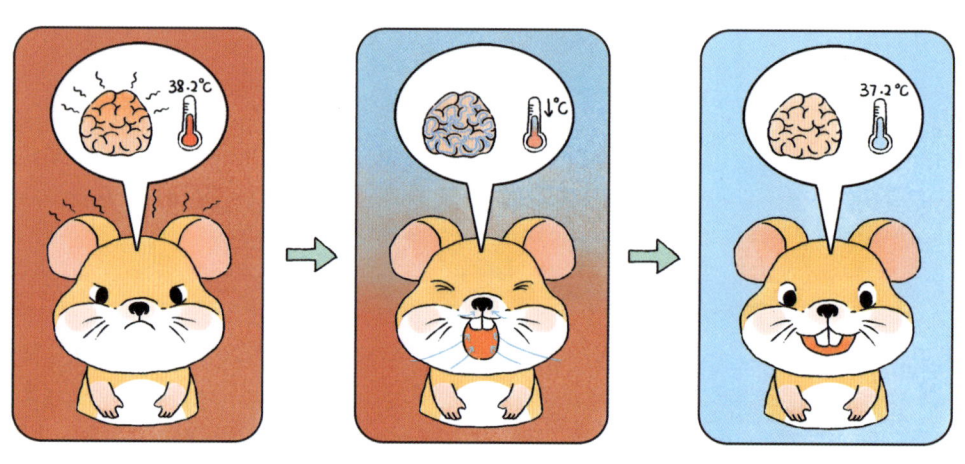

我们的"温血朋友"

恒温动物是温血动物的学名，是指那些能够调节自身体温的动物。它们不像变温动物那样依赖于外界温度，而是靠身体的体温调节系统保证体温恒定。鸟类和哺乳动物都是温血动物。

打哈欠的"社交小秘密"

科学家们还认为,打哈欠行为或许具有一定的社会功能。他们提出了一种推测:看见其他人打哈欠会提高目击者的警觉性。

打哈欠的人　　　看见别人打哈欠的人

一项人类神经影像学研究支持了这种推测。该研究表明,看到别人打哈欠后,我们大脑里的前额叶皮层和上颞沟区域会变得更活跃——这些大脑区域既涉及注意力分配,也和威胁及刺激检测有关。

人类的大脑是中枢神经系统的最高级部分,负责控制身体的多种功能和高级认知活动。大脑主要由以下几个部分构成:

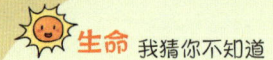 生命 我猜你不知道

❶ **大脑半球**：大脑分为左、右两个半球，每个半球包括额叶、顶叶、颞叶和枕叶。

顶叶：位于大脑的后上方，负责空间意识、体感处理和语言整合。

额叶：位于大脑的前部，负责情绪控制、判断力、决策和计划等。

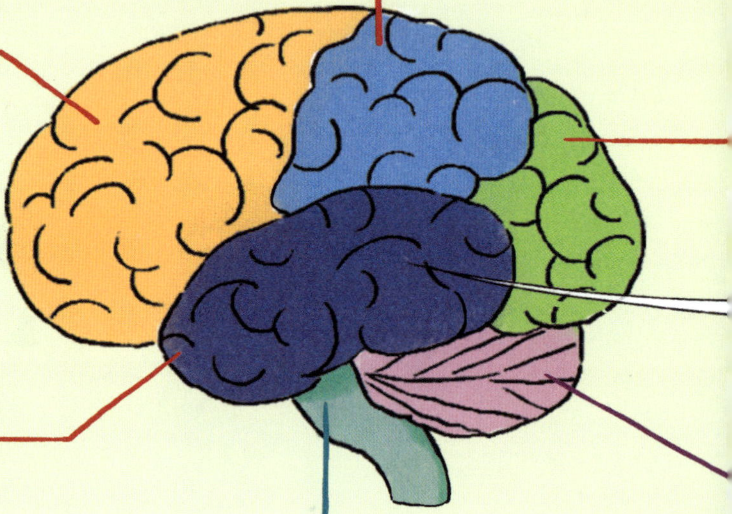

颞叶：位于太阳穴的后下方，负责听觉、语言理解和记忆。

❷ **脑干**：连接大脑和脊髓，负责维持生命的基本功能，如呼吸、心跳和睡眠。

打哈欠传染的真相

枕叶：位于大脑的后部，负责视觉处理。

❹ **间脑**：主要包括丘脑和下丘脑。

丘脑：是感觉信息的中继站。

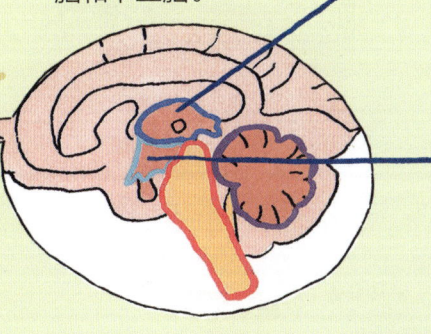

下丘脑：负责调节内分泌、体温和食欲等。

❸ **小脑**：位于大脑底部，负责协调肌肉活动、维持身体平衡和姿势。

这些区域通过复杂的神经网络相互连接，共同协作以实现大脑的各种功能。

另一项视觉搜索实验也为这种推测提供了直接证据。科学家们将 38 名受试者分为两组，一组观看他人打哈欠的视频，另一组观看同样的人做其他普通动作的视频，随后要求他们从 8 幅图像中快速找到蛇或青蛙，并用眼动追踪技术测量他们找到指定图片的时间。

观看普通动作视频组 　　观看打哈欠视频组

实验结果表明：受试者在看到他人打哈欠后更迅速地找到了蛇——蛇是在人类长期进化过程中反复出现的威胁；青蛙不是威胁，这种操作对检测青蛙也没有影响。不难得出，看见别人打哈欠确实会提高目击者的警觉性。

打哈欠"传染"的作用

截至目前,科学家们暂时还不清楚打哈欠为什么会"传染",他们还在研究这种现象的作用。他们发现,如果一只狮子看到另一只狮子打哈欠,它也跟着打哈欠,那它们接下来的动作会更一致。

让我们以猴子为例，用一张图来解释一下科学家们的发现：

生物感到疲劳时，或是大脑温度升高时，又或是脑内激素或神经递质发生变化时，会自发地打哈欠——这是一种不受外界影响、单纯出于身体或大脑需要的行为。如果另一个生物看见了这种行为，但并没有打哈欠，它的警觉性就会提高，也就是注意力更集中、对环境更敏感。

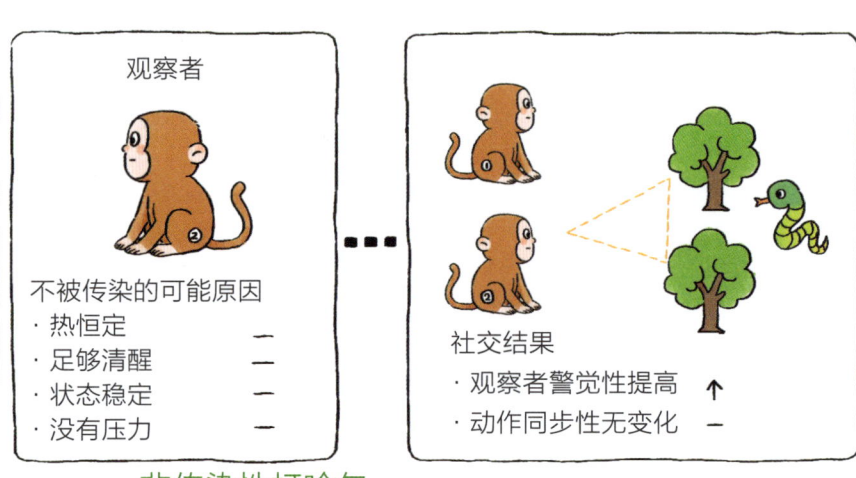

非传染性打哈欠

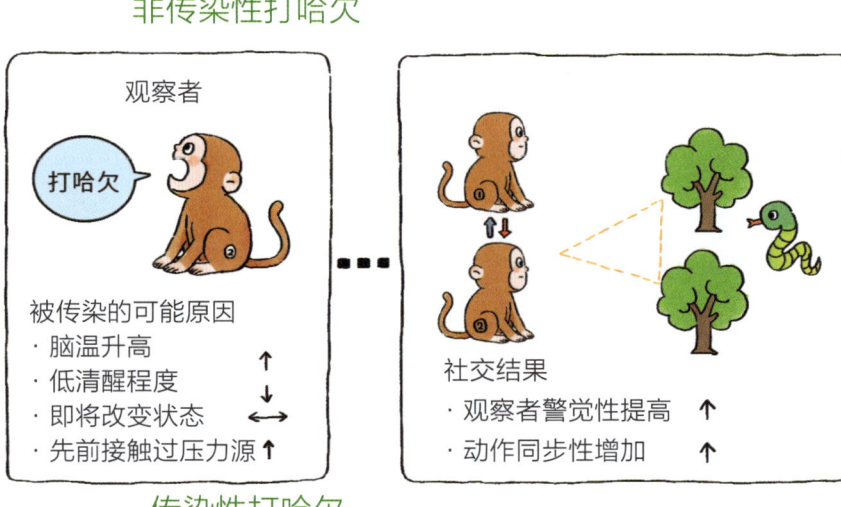

传染性打哈欠

但如果看见其他生物打哈欠时自己也跟着打，就属于"传染性打哈欠"，这通常是因为同理心或是大脑的模仿机制，个体之间的亲密度与社会地位、性格等差异也会对打哈欠传染性的强弱产生影响。而在这种"动作同步"的情况下，大家不只是同时打哈欠，心理状态也会更协调，有助于群体之间的配合和社会联结。

总而言之，打哈欠就像一个"小提示"，能让目击者更加注意周围的环境和潜在的危险，还能通过"传染"这一现象，让大家的行动更同步。

为什么人蹲久了站起来的时候脚会发麻？

请问科学家

这是因为脚部的血管被压住了，血液流通不畅，而我们身体里面的神经系统需要血液提供氧气和养分。

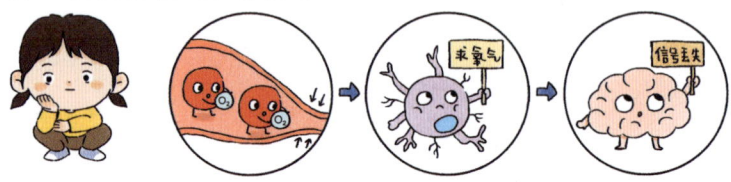

压迫阶段

太久得不到血液供应，神经系统无法正常向大脑发送感觉信号，这时脚部的感觉是"木木的"。

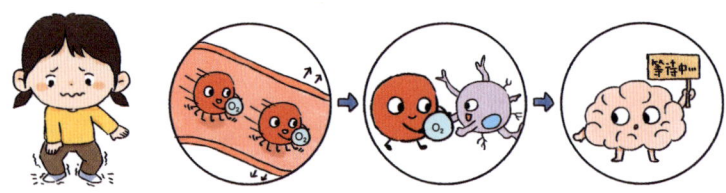

重启阶段

等我们站起身，原先受到压迫的地方恢复了血液供应，脚部的神经系统会逐渐恢复工作。就跟电脑"重启"一样，这个恢复过程需要时间，而"重启"过程中发出的信号被大脑解读为针刺一样的发麻感。

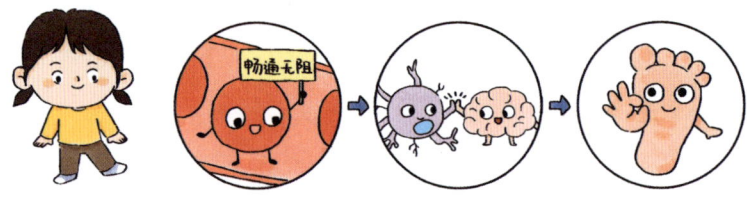

恢复阶段

几分钟之后，当一切恢复正常，发麻感也就消失了。

一个泳池里平均有105瓶尿

游泳池是人们锻炼身体的好去处,但你是否想过,泳池里的水中可能含有尿液?一项来自加拿大的科学研究揭示了一个令人震惊的事实:一个普通泳池内含有的尿液平均量可以装满约105个500毫升的瓶子,这可能会对人体健康构成潜在威胁!

泳池里的"黄精"秘密

在过去的一项调查与研究中,有19%的成年人承认自己曾在泳池中小便,每个游泳者在泳池中的平均尿液排泄量为70毫升。尿液尽管是无菌的,却有可能与其他物质发生化学反应,对人类健康造成威胁。那么,一个普通泳池里究竟有多少尿液量,又会对人体造成哪些影响呢?

寻找尿液的"蛛丝马迹"

为了解答这个问题,科学家们首先需要找到一种可靠的尿液标记物,由它来担任"侦探",寻找尿液的"蛛丝马迹"。

显微镜下的"寻人启事"

想象我们去看一场热闹的马拉松比赛,要在茫茫人海中找到一名穿着普通运动服的运动员朋友是很困难的。但如果他穿着鲜艳的黄色T恤,戴着红色的帽子,那找起来就容易多了!这里的黄T恤和红帽子就起到了"标记物"的作用。

在科学实验中,标记物就像是我们对研究对象使用的"特殊记号",比如为某种蛋白质"贴上"荧光标记,以便在显微镜下追踪它的去向。使用标记物是一种很常见的科学研究方法,能让实验人员准确识别和追踪目标物质,保证实验结果的准确性。

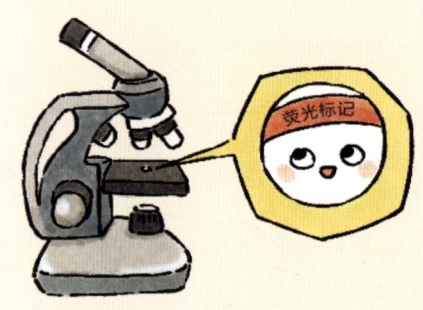

本实验中选用的标记物是安赛蜜,这是一种常见的食品添加剂,广泛存在于饮料、零食等加工食品中。

饮料与零食的甜味秘密

在各种碳酸饮料、果汁饮料、功能饮料中,安赛蜜经常和其他甜味剂一起出现。一些低糖或无糖的零食,比如某些低脂酸奶和果酱中,也添加有一定量的安赛蜜。试着找找含有安赛蜜的产品吧!

安赛蜜不会被人体代谢,完全是通过尿液排出的,对水处理过程具有较高的抵抗力,即便是废水处理系统也无法将它彻底降解。由于这种广泛性、稳定性和持久性,它被科学家们选定为本次实验的尿液标记物。

水样大检测

选定了标记物,科学家们开始采集水样。

他们先从加拿大两座城市(a,b)的 29 个泳池和水疗池中收集了超过 250 份样本。这些水样在初步过滤后被送入专业检测机构,检测其中的安赛蜜浓度。

结果令人惊奇：所有泳池和水疗池的水样中都检测到了安赛蜜，其浓度范围从 30 纳克/升至 7110 纳克/升！

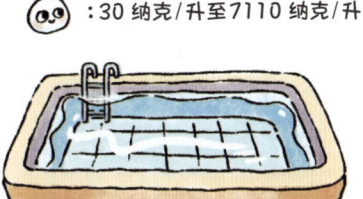
:30 纳克/升至 7110 纳克/升

两座城市（a、b）水样中的平均安赛蜜浓度

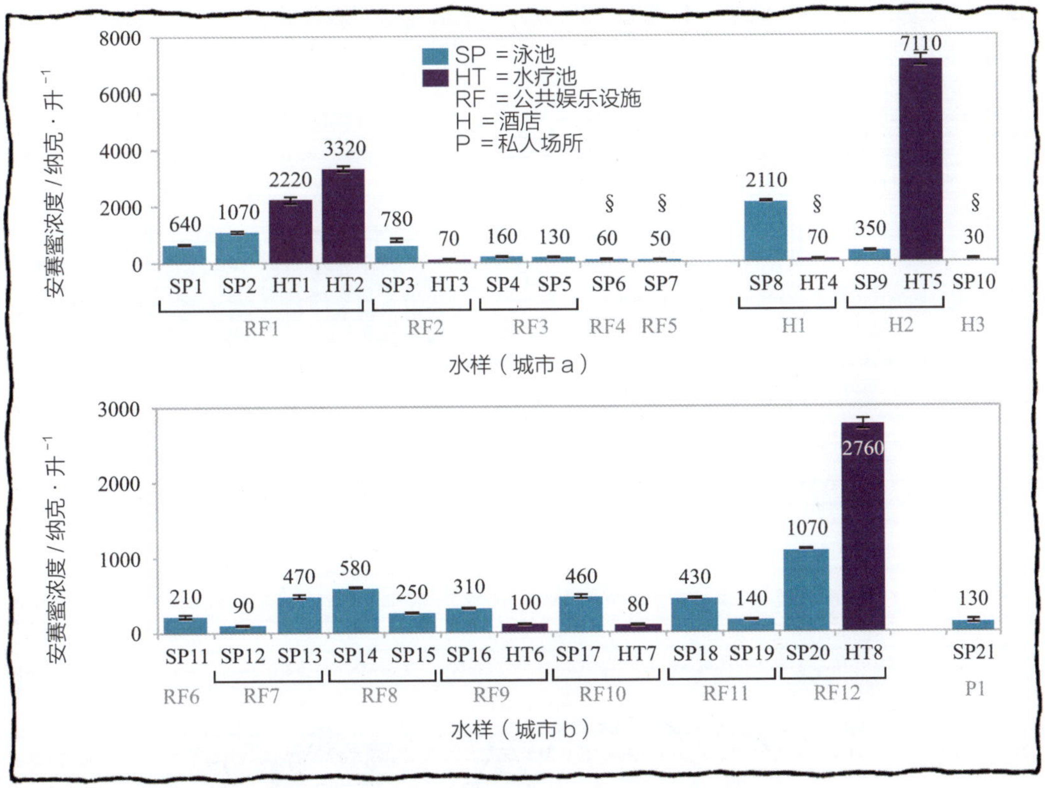

注：图中标§的样品稀释浓度为 1/10，其他样品稀释浓度为 1/20。

为了确保结果的准确性，他们还测量了相应采样点的输入自来水中的安赛蜜浓度，作为对比。

对比后发现，泳池和水疗池中的安赛蜜浓度远超输入自来水，以2号酒店（H2）5号水疗池（HT5）为例，其平均安赛蜜浓度是相同采样点的输入自来水中平均安赛蜜浓度的592.5倍。这说明：泳池和水疗池中有着不少人体尿液！

平均倍数是怎样计算的？

以2号酒店（H2）5号水疗池（HT5）为例。

1. 找数据：先在城市a的测量数据中找到对应的平均安赛蜜浓度。

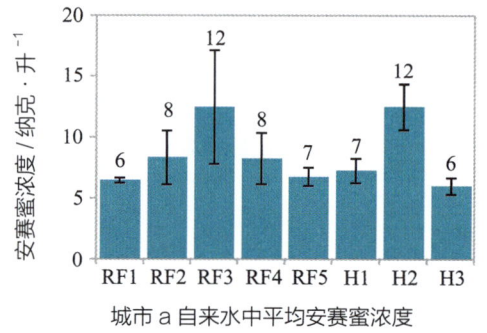

城市a自来水中平均安赛蜜浓度

H2-HT5水样的平均安赛蜜浓度为7110 ng/L，该采样点（H2）的输入自来水平均安赛蜜浓度为12 ng/L。

2. 做计算：用"某水样的平均安赛蜜浓度"除以"相同采样点的输入自来水平均安赛蜜浓度"，即可得出相应的安赛蜜浓度倍数。

7110（ng/L）÷12（ng/L）=592.5倍

科学家们又从两个不同大小的游泳池 SPx（110000 加仑）和 SPz（220000 加仑）中采集了水样，测算两个泳池水样中的尿液含量。

计算得知，SPx 和 SPz 中的尿液量约为 30 升和 75 升，分别相当于 60 瓶和 150 瓶 500 毫升矿泉水的量！

美制加仑 VS 英制加仑

加仑是美国和英国常用的体积单位，主要用来表示液体（如牛奶、汽油等）的容量。加仑的大小分两种：美制加仑和英制加仑。简单来说，美制加仑小，英制加仑大——大概是一小瓶矿泉水和一个保温杯容量的差距。

具体换算关系如下：

1 美制加仑 ≈ 3.785 升 ≈ 3785 毫升。

1 英制加仑 ≈ 4.546 升 ≈ 4546 毫升。

因此，在美国，一加仑牛奶相当于 7～8 瓶 1 升装矿泉水；而在英国，一加仑牛奶大约能装满 9 瓶！

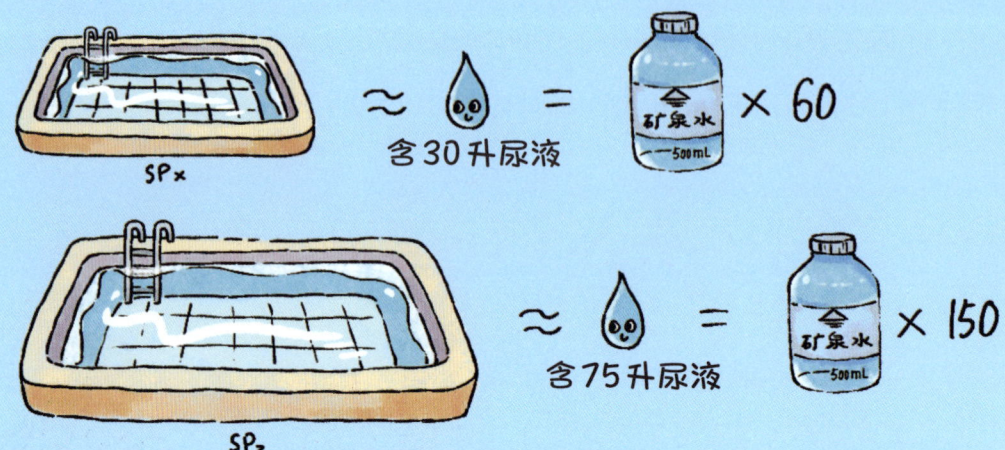

消毒剂的"化学尸体"

就像炒菜时火力太猛会糊锅,当消毒剂在水里大杀四方时,不仅会"干掉"细菌,还会"误伤"水中的有机物——它们激烈搏斗后留下的"化学尸体",就是我们所说的消毒副产物(DBPs)。

不同的水质消毒剂会产生不同类型的DBPs,杂质、水温、酸碱性等因素都会对DBPs的形成和变化产生影响。

泳池"毒"家配方

尿液本身是无菌的,但尿液中含有多种含氮化合物,如尿素、氨、氨基酸和肌酐等,可以与游泳池中的消毒剂(例如氯)发生化学反应,形成对人体有害的 DBPS。

在游泳时接触到 DBPs,可能会影响人体健康,比如三氯胺,会让我们的眼睛和呼吸道不舒服,甚至会引发职业性哮喘。

因此,人们有必要严格监控游泳池中的尿液含量!

为什么星星会一闪一闪的？

如果你有游泳的时候潜到水底往上看的经历，你可能注意到水面上的东西都在晃动。如果问这是为什么？可能你会说，"是因为水在晃动"。其实，星星一闪一闪也是相同的原因。那是什么在晃动呢？我们又潜在什么东西的底下？答案是空气。地球表面包围着厚厚的一层空气，厚度大约在1000千米以上，而我们就在这层空气的底部。

空气跟水池里的水一样，它不可能一直静止不动，相反，它一直在动（风就是一种空气流动的现象）。地面热的空气会上升，冷的空气会下降。这些一直在流动的冷、热空气，会让星星的光跟着晃动，看上去就像星星在闪烁。

狗尾巴的功能

  每个人的指纹和步态都是独一无二的，可以用于识别身份。但你知道吗？狗也拥有属于自己的"身份标志"：中国的科学家们研究了狗与人互动时的尾巴摇摆轨迹，发现每只狗都拥有独特而稳定的摇尾特征，且随着与人的熟悉度的不断提升，狗的尾巴摇摆角度会逐渐向身体右侧偏移。

3D追踪"秘密武器"

科学家们搭建了一个基于深度学习的三维运动追踪技术平台，对犬只与人类互动时的尾巴摇摆轨迹进行量化研究。

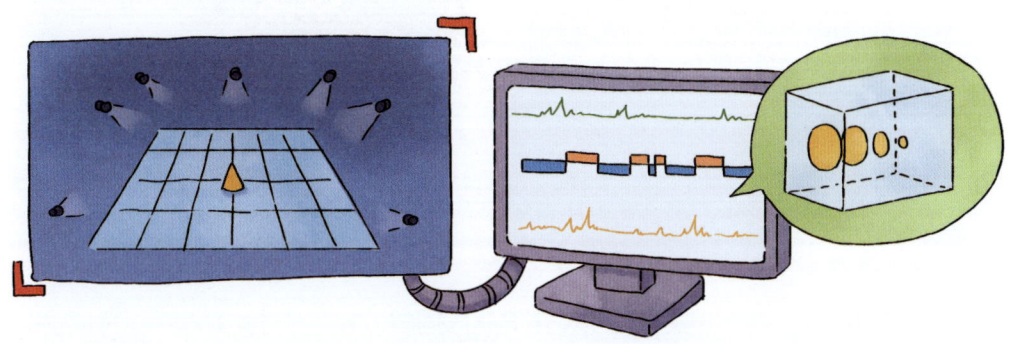

层层递进的智能技术

人工智能（AI）：为计算机赋予类似于人类智能的能力，让机器能够像人一样理解、学习、推理、创造。

机器学习（ML）：人工智能领域内的一种技术，让计算机从数据中学习模式和规律，训练它脱离特定程序、独立完成某项任务的能力。

深度学习（DL）：人工智能领域内的一种机器学习技术，通过模拟人脑神经元之间的联系和活动方式，来自动发现并学习数据中的模式和规律，从而完成各种任务。

人工智能、机器学习、深度学习之间的关系

在研究中，他们收集了大量的小狗图片，先标出小狗的肩部、背部、臀部和尾尖，并将这些标记好的图片输入人工智能的神经网络模型 Deep Lab Cut（缩写为DLC），然后对模型进行训练，让模型学会自动识别新图片中小狗的相应身体部位。

随后,他们利用 5 个高速摄像头,连续 3 天,每天 5 分钟,多角度拍摄小狗与人类的互动过程,然后利用 DLC 收集小狗尾部摇摆的详细信息,并对其进一步分析。

这样一整套流程走下来,狗尾巴的摇摆动作就能被科学家们"看"得清清楚楚,还能通过计算转化成详细的三维空间数据。

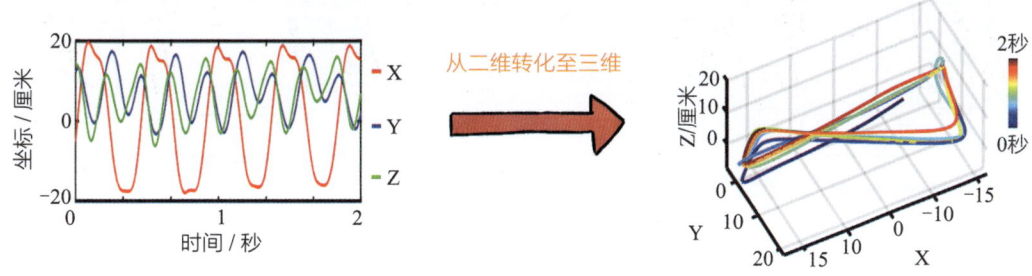

2 秒内尾尖摇摆对应的二维坐标　　　　2 秒内尾尖摇摆对应的三维坐标

摇摆中的"情绪信号"

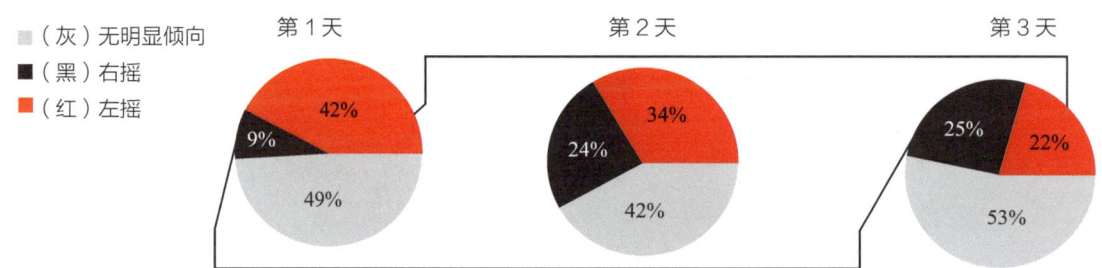

所有实验动物在3天内的摇尾偏向比例
（左摇尾巴的比例显著下降，右摇尾巴的比例显著上升）

结果显示，在与人类互动的3天内，狗摇尾巴的方向逐渐从小狗身体左侧向右侧偏移：在第一天面对陌生人时表现出左侧偏向或者没有偏向，经过连续3天、每天一次时长5分钟的互动，左侧偏向显著减少并转变为右侧偏向。

科学家们猜测：狗尾巴向左侧摇摆可能代表负面情绪，向右侧摇摆可能代表正面情绪。但这一假设还需要进一步实验研究才能验证。

这说明，尾巴摇摆的偏向象征着犬只与互动对象的熟悉程度——与不熟悉的人互动时，狗的尾巴偏左摇摆；在与熟悉的人互动时，狗的尾巴偏右摇摆。

尾巴里的"身份密码"

除了尾巴摇摆的不对称性，科学家们还注意到，不同狗的尾巴在实验中呈现出鲜明的摇摆特点。他们记录了10只实验犬的20674个尾巴摇摆轨迹，并运用多种算法进行分析。

亲和传播聚类就是其中一种算法。

寻找数据"领头羊"

聚类：即"物以类聚"，是指将某一对象的集合按照相似性分成不同组的过程。

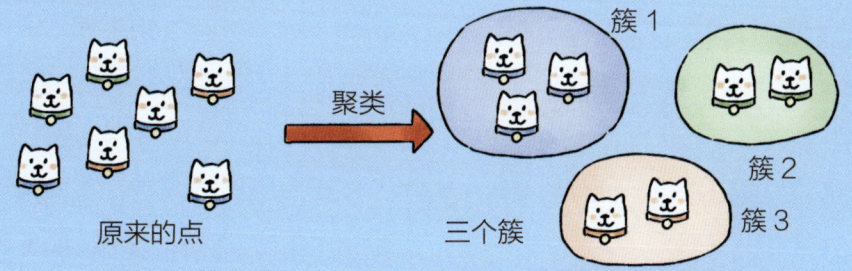

亲和传播聚类：一种聚类算法，通过识别数据点之间的相似性来找到具有代表性的数据点（称为"典型"），并基于典型形成不同分组。

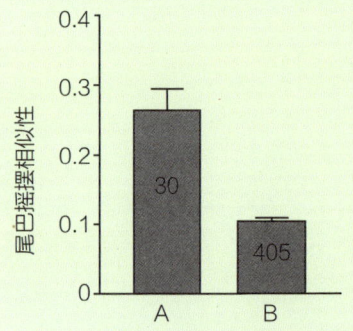

A. 用同一只狗做对比实验
B. 用不同的狗做对比实验

通过亲和传播聚类算法，10只实验犬最终形成了851个摇尾运动分组。科学家们计算、比较了所有摇尾运动分组，发现每只狗的摇尾运动倾向于形成独特的分组，而同一只狗的尾巴摇摆相似性显著高于不同狗之间的相似性。

也就是说，就像每个人都拥有"专属"的步态一样，每只狗都拥有独特而稳定的摇尾特征。

狗尾巴最"喜欢"的状态

值得一提的是，科学家们还在这次研究中引入了动力学系统研究中的吸引子概念。

动态系统的舒适区

吸引子，可以理解为某个动态系统"喜欢"达到的一种状态或区域。

想象一下，一个小球在有斜坡的坑洼地面上滚动，最终会滚向哪里呢？很可能是滚向低洼地带，因为那里对小球来说更"稳定"、更"舒适"——这些低洼地带就像是动态系统的吸引子。

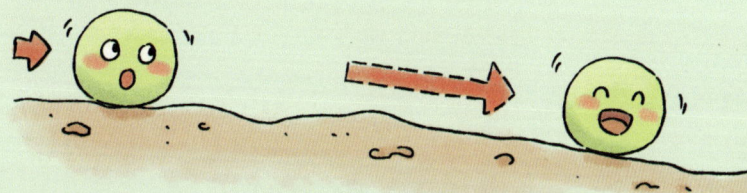

我们再来想象一个被挂在天花板上、自由摆动的钟摆，不管最初它摆得多快、多高，在不持续施加外力的情况下，它最终都会停下来，指向一个稳定的位置——吸引子就是钟摆停止摆动时的最终稳定位置。

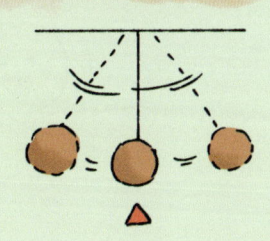

科学家们猜测，狗摇尾巴可能也存在吸引子。为了验证这种猜测，他们对全部10只实验犬的摇尾模式进行精细化分析。通过计算摇尾轨迹的 最大李雅普诺夫特征指数（LLE），分析摇尾轨迹的发散性和稳定性。

李雅普诺夫

动态系统稳定性的"晴雨表"

李雅普诺夫特征指数是动力学中的一个重要概念,用来衡量动态系统的稳定性。

还是用小球举例:在我们面前有一个滚动的小球,我们对它施加一个小小的扰动,比如改变球的滚动方向,接着观察它的反应。

如果这个扰动对动态系统的影响不大,比如小球很快就回到了原来的状态,那么我们就可以说这个系统是稳定的。这时候,李雅普诺夫特征指数会比较低。

如果这个扰动对动态系统的影响很大,比如小球非但没有回归原状,反而开始到处乱跑,那么我们就可以说这个系统是不稳定的。这时候,李雅普诺夫特征指数会比较高。

简而言之,李雅普诺夫特征指数越低,动态系统越稳定,反之越不稳定。

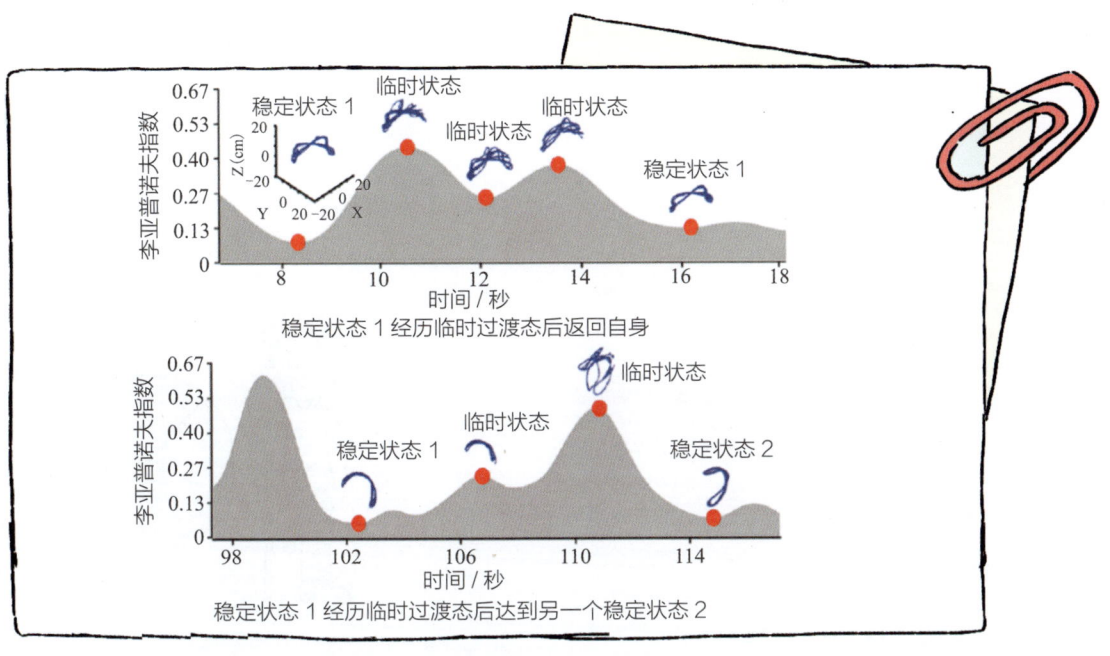

9号实验犬摇尾轨迹对应LLE演变的两个片段。红色圆点即LLE的局部极值点,对应时刻的摇尾轨迹显示在其上方

结果表明:

❶ 狗摇尾巴由具有固定、重复摇摆轨迹的稳定状态(LLE≤0.18)和不稳定的临时状态(LLE>0.18)构成。

❷ 在狗摇尾巴的过程中,"稳定状态"反复出现,且同一个"稳定状态"能多次出现,每段"稳定状态"都伴随相对固定的尾巴运动轨迹。

❸ 多数时间,狗摇尾巴的动态会停留在某些"稳定状态",有时短暂进入"临时状态",之后又回到"稳定状态"。

这些迹象像极了狗摇尾巴的动态系统在某个"吸引子"附近徘徊!科学家们因此推断,控制狗摇尾巴的神经群活动可能确实存在吸引子。

蜥蜴的尾巴断了可以再长出来，为什么人体的器官比如手脚断了以后不会再长出来？

请问科学家

从进化角度来说，没有必要。

生物某个功能是否进化不在其功效性，而是在于这个功能对生命的繁衍和生存能否起到重大的影响，或者缺失是否会被大自然淘汰。

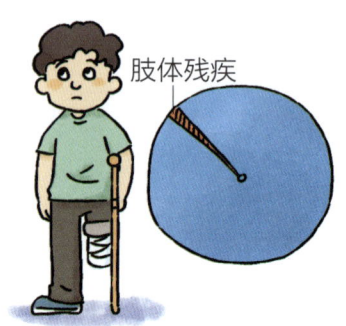

肢体残疾

举例：对所有动物来说，伤口能自己愈合是必需的功能。因为受伤太常见了，伤口不愈合会感染而死，没有自愈功能的生物，必然会被淘汰。但对人类以及很多其他动物来说，缺胳膊少腿是罕见的，不会影响整个群体的繁衍。

拥有再生功能的往往是比较低等的小动物，它们更容易受到攻击，缺胳膊少腿的情况比较常见。

蝾螈

蜥蜴

螃蟹

一撮月亮土
未来广寒宫

  一撮土能用来做什么？或许可以洒点水，捏泥碗、做泥人；或许还可以撒上种子，等待生命的萌芽。然而科学家们给了我们不一样的答案。2020年底，完成任务的嫦娥五号返回地球，带回了约1731克月壤样品。来自南京的科学家们研究发现，这些"不起眼"的月亮土或许能帮我们建设未来的"广寒宫"，为人类在月球上的探索和居住铺平道路！

大有玄机的月亮土

嫦娥五号带回来的月壤看上去普普通通，但科学家们研究发现，它可不是寻常的"土"。

这些月壤其实是月海的玄武岩，具有光催化活性，能吸收太阳光并促进化学反应的发生。

更神奇的是，它们还和催化剂沸石有点像，表面多孔，仿佛天然的"化学反应小屋"，为化学反应提供更大的接触面，让化学反应速率更上一层楼！

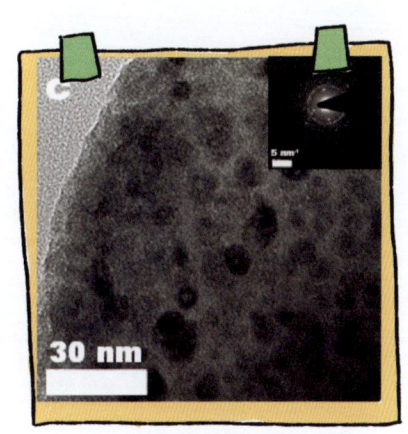

月壤样品的多孔结构

我猜你不知道

脑洞大开

既然在地球上，植物能利用光合作用帮我们制造氧气和食物，那在月球上，我们能不能模拟这套操作呢？月球上虽然没有植物，但有一种关键的资源——太阳光，还有科学家"全副武装"的智慧！

氧气制造机

简单来说，光合作用就是植物利用阳光、水和二氧化碳制造"食物"的过程：植物通过根部吸收水分，通过叶子吸收阳光和空气中的二氧化碳，借助叶绿体，将水和二氧化碳加工成生存所需的养分（主要是葡萄糖），同时产生氧气并释放到空气中。这就是我们常说的植物是地球的"氧气制造机"。

植物靠阳光、水、二氧化碳和叶绿体完成光合作用，而月球上也能凑齐这几样东西：

水？能从月壤提取！

二氧化碳？人类呼吸就能产生！

阳光？有！

叶绿体？用高科技"光感应材料"代替！

就这样，"模拟版"光合作用被科学家们提上实验日程。

月亮土"变身"化学反应中的"高手"

科学家们对这一小撮月亮土进行了两项通过太阳能驱动的化学反应实验：

光伏电解（PV-EC）反应

用月壤当催化剂，连接上硅太阳能电池就可以将水（H_2O）"拆解"成氢气（H_2）和氧气（O_2）。

用月壤制氢氧

科学家们通过硅太阳能电池将太阳能转换为电能，以月壤为电催化剂，利用转换的电能来电解水。电解槽的阳极生成氧气，阴极生成氢气。

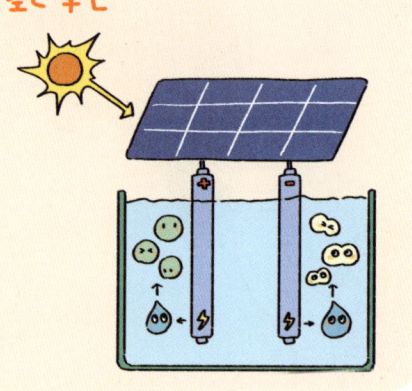

光热催化剂（PTC）反应

当温度升高到接近月球白天的150℃左右时，以月壤为催化剂，二氧化碳就会和氢气一起发生光热催化反应，生成甲醇（CH_3OH）和甲烷（CH_4）。

建设"未来广寒宫"

以上实验实现了"模拟版"光合作用,科学家们信心满满,设计出了一套完整的"月球生存计划"。

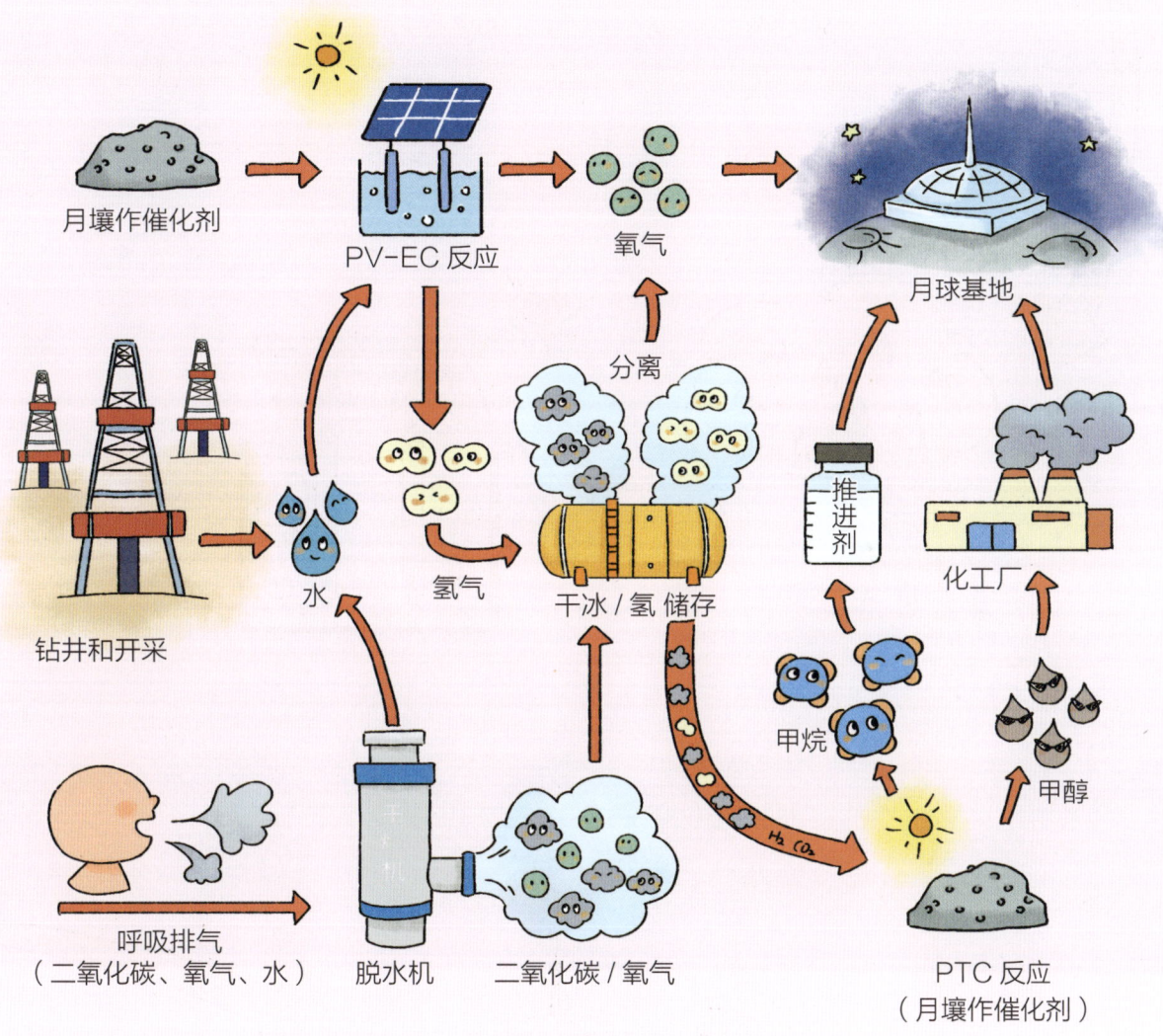

月球生存计划

我猜你不知道

收集二氧化碳和氧气 把人类呼吸产生的废气中的水分离出来，形成干燥的二氧化碳和氧气。

"制造"氧气和氢气 以月壤为催化剂，通过光伏电解应，生成供呼吸用的氧气和储备的氢气。

如果月壤或月壤提取成分可以作为人工催化剂，那我们或许能在月球上"就地取材"，为宇航员提供更多燃料支持，大大降低航天器的载荷成本。或许有朝一日，人类真能用这小小的一撮"月亮土"建造出生机勃勃的"广寒宫"！

分离出氧气 夜晚，当月球温度低至 $-173℃$ 时，在维持适当压力的情况下，把保存的二氧化碳凝结成固态（即干冰），并分离出氧气。

生产燃料 白天，当月球温度升高时，用月壤催化二氧化碳和氢气，生成甲烷和甲醇，作为燃料和化工原料。

空间站里的垃圾是怎么处理的呢？

在寸土寸金的空间站里，没有回收处理垃圾所需的场地和设备。但垃圾总不能满太空乱扔，那要怎么处理呢？

航天员的食物以及空间站运行所需的燃料、物资等都需要定期补充。我们国家会通过天舟货运飞船"送货上门"，顺便带走航天员提前打包好的垃圾。

天舟货运飞船完整地返回地面需要很复杂的技术和设备，其所要付出的代价高于飞船以及它携带的垃圾本身的价值。因此，天舟货运飞船在完成其任务后，会高速冲进大气层，与大气剧烈摩擦产生高温，变成一个人造流星。它和太空垃圾一起在天上燃烧解体，剩下的残骸碎片会坠落在无人的公海区域。

缺觉的 蚊子

当你在夏夜里被"嗡嗡"叫的蚊子气得牙痒痒，是否也曾疑惑：它们难道不需要睡觉吗？其实，大多数动物，包括蚊子，都需要通过睡眠来恢复体力并维持正常的生理功能。为了与蚊子"斗智斗勇"，科学家们展开了一系列实验。

睡眠姿势大PK

你知道吗？昆虫的"睡姿"千奇百怪！

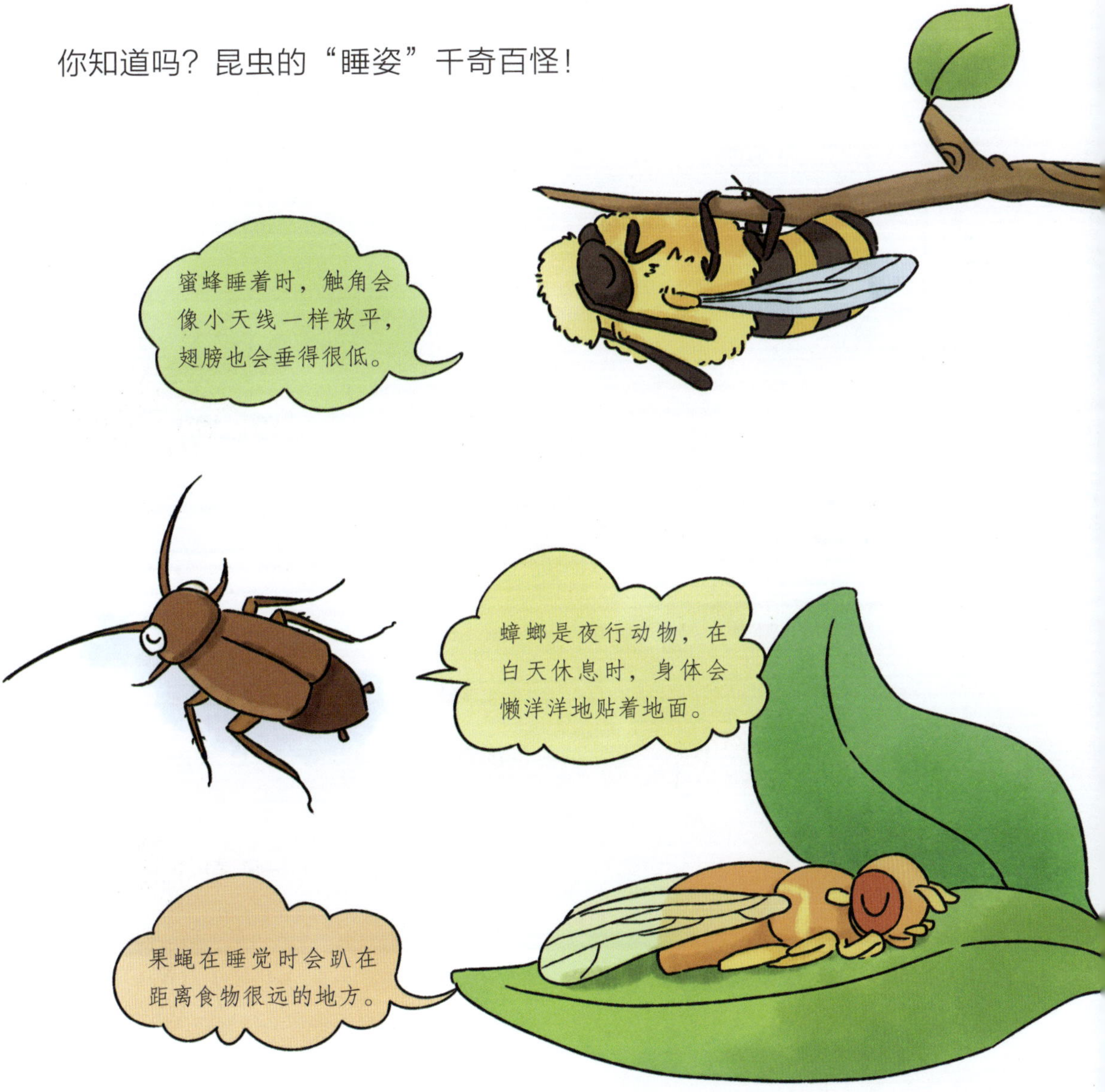

蜜蜂睡着时，触角会像小天线一样放平，翅膀也会垂得很低。

蟑螂是夜行动物，在白天休息时，身体会懒洋洋地贴着地面。

果蝇在睡觉时会趴在距离食物很远的地方。

 生命 我猜你不知道

蚊子的"睡姿"

对于总是长时间保持不动的蚊子，我们该怎样判断它们究竟是在"睡觉"还是在"发呆"呢？

为了解答这个问题，科学家们选了三种常见的成年雌蚊子——埃及伊蚊、致倦库蚊和嗜人按蚊，仔细研究它们的"睡姿"。

蚊子界的三大巨头

❶ 埃及伊蚊

中小型黑色蚊种，常见于热带及亚热带地区的小型积水附近，吸血活动主要在白天，是传播登革热、黄热病的主要媒介。

❷ 致倦库蚊

淡棕色中型蚊，主要活跃在城区，经常出现在污水附近，是只在夜间出没的"夜猫子"，也是传播乙脑的主要媒介。

❸ 嗜人按蚊

中型黑色蚊虫，多见于北纬34°以南地区，吸血活动主要在傍晚，是传播疟疾和马来丝虫病的主要媒介。

他们先在实验室和野外分别安装了摄像机和红外传感器。然后在不干扰蚊子的情况下,远程记录它们静止超过 30 分钟时的姿势。最后对蚊子后腿相对于身体主轴的角度、身体相对于地面的角度、后腿的高度及胸部的高度进行主成分分析,并用仪器测量蚊子的脑电波和生理信号。

找出最重要的两个"它"

我们可以将"主成分分析"理解为一种对数据进行整理、总结和分析的方法。它能从许多特征中筛选出两个比较重要的、与研究内容最为相关的主要特征(主成分),并用它们分别作为横坐标和纵坐标,画出一张涵盖每个数据的坐标图,帮助我们更轻松地理解事物之间的主要差别和相似性。

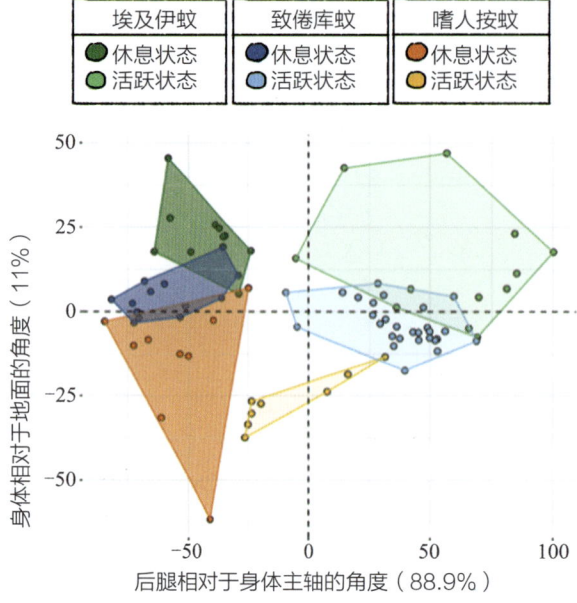

三种雌性成虫蚊子在活跃状态和休息状态下的姿势特征主成分分析

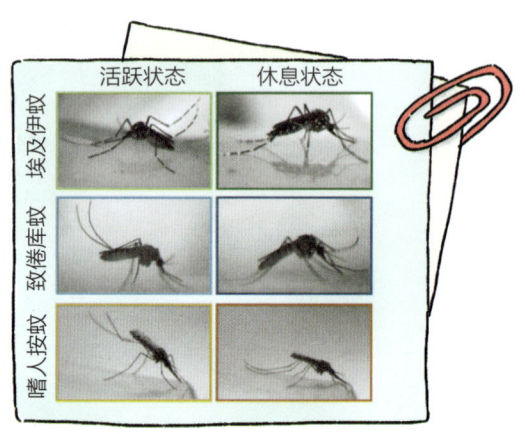

三种雌性成虫蚊子在活跃状态或休息状态时的代表性照片

本实验中筛选出的两个主要特征即后腿相对于身体主轴的角度和身体相对于地面的角度，主成分分析结果表明：

每种蚊子的姿态特征在活跃状态和休息状态下都存在明显差异，即蚊子的"清醒姿势"和"睡觉姿势"是不一样的。

无论是"清醒姿势"还是"睡觉姿势"，埃及伊蚊和致倦库蚊都存在一定相似性（分布区域有所重叠），而嗜人按蚊则与它们有较大差别。

拍摄得到的照片同样证明了这一点：蚊子真的会"睡觉"，且每种蚊子都有自己独特的"清醒姿势"和"睡觉姿势"。

蚊子的"作息时间表"

科学家们还使用红外线活动监测系统，监测蚊子在24小时内的"生物钟"，并通过光暗调节，测试环境对蚊子睡眠状态的影响。

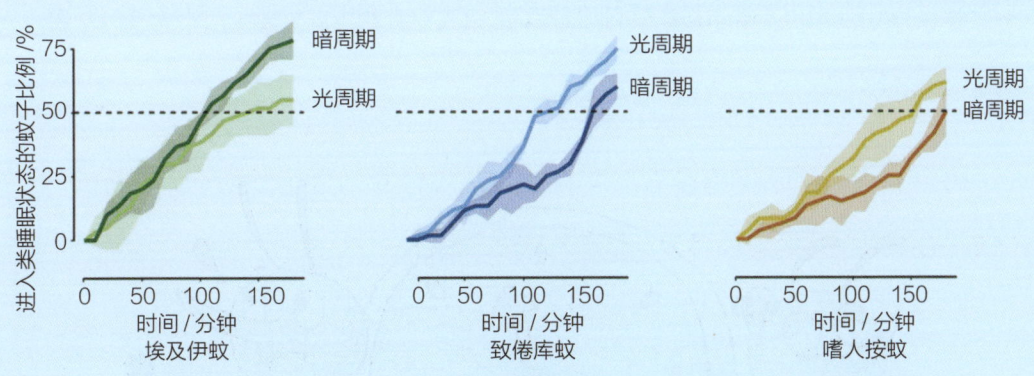

不同种类的蚊子进入睡眠状态的比例随时间的变化

可以发现：在光周期，昼行性蚊子——埃及伊蚊进入"类睡眠状态"的速度和总数都比在暗周期更慢、更少，属于夜行性蚊子的致倦库蚊和嗜人按蚊则相反，在光周期进入"类睡眠状态"的速度和总数都比在暗周期更快、更多。

结果表明：蚊子在它们活动较少的时候（又称"非活动期"）更容易进入"睡眠模式"。

蚊子也会"补觉"

人在缺觉时总会"补觉"，蚊子是否也有这种行为呢？

带着这个问题，科学家们将蚊子放在一个会轻轻振动的平台上。这个平台的振动频率和强度刚好既能让蚊子难以入睡，又不会伤害它们的身体。

缺觉的蚊子

结果表明：蚊子也会"补觉"——如果在正常低活动时期（应该睡觉的时期）不让蚊子睡觉，它们就会在之后睡得更久，也就是会出现睡眠反弹现象；如果在正常活跃期（本来就不该睡觉的时期）不让蚊子睡觉，它们也不会"多睡一会儿"。

睡眠会反弹？

睡眠反弹是生物体的自我调节机制：当生物体被剥夺了睡眠后（比如熬夜或被强制保持清醒），在后续休息时会睡得更久或更深，试图"补偿"之前失去的睡眠。就像弹簧被压缩后会反弹一样，生物体也会本能地寻求恢复正常的睡眠节律。

先来一起看看昼行性蚊子——埃及伊蚊的表现：

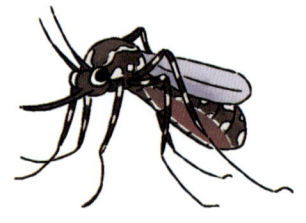

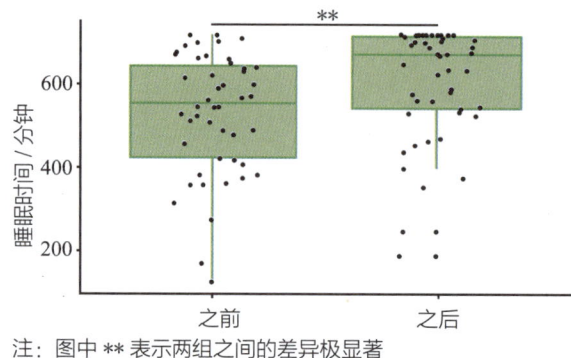

如果一晚上都让平台振动，干扰埃及伊蚊的睡眠，它们大概会少睡约558分钟，在白天多睡76分钟来"补觉"。

注：图中 ** 表示两组之间的差异极显著

12小时夜间睡眠剥夺实验

如果只在夜晚让平台振动4小时，它们大概会少睡约159分钟，在第二天补睡将近60分钟。

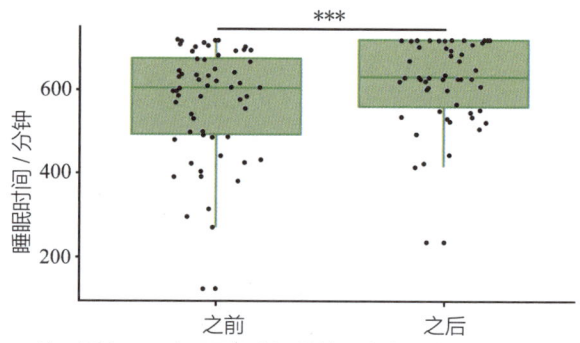

注：图中 *** 表示两组之间的差异高度显著

4小时夜间睡眠剥夺实验

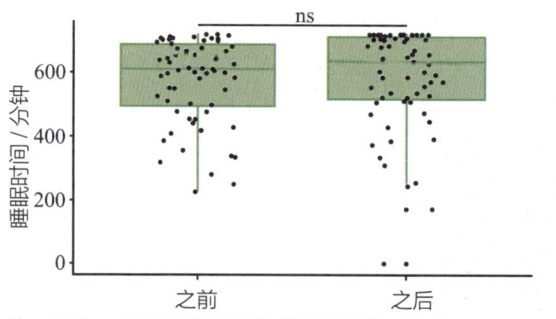

注：图中 ns 表示两组之间的差异不显著，是"no significant"的缩写

12小时白天睡眠剥夺实验

如果在白天12个小时里都让平台振动，它们大概会少睡约436分钟，但这并不会让它们在晚上多睡觉。

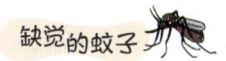

再来看看夜行性蚊子——嗜人按蚊的表现：

如果在白天 12 个小时内不让嗜人按蚊睡觉，它们会少睡大约 594 分钟，在晚上多睡大约 196 分钟来"补觉"。

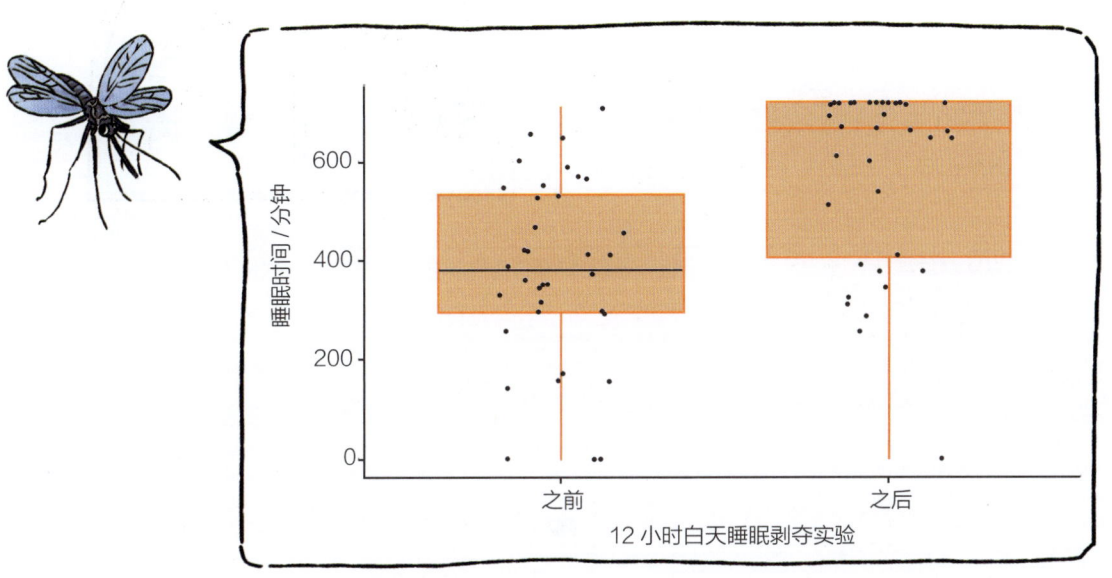

睡眠剥夺实验前后的嗜人按蚊睡眠量对比

"缺觉"的蚊子不想吸血

缺乏睡眠可能会影响生物的认知、代谢、警觉性、生殖和免疫等。比如，没睡饱的蜜蜂觅食效率更低，睡眠不足会严重影响果蝇的生育。

既然如此，"缺觉"会不会让蚊子变得"不太饿"，又或是"吸不动血"呢？

科学家们制作了一个"假人",用温水、人工汗液和人造气味混合模拟人类皮肤的气味和温度,将它放置在两只装有埃及伊蚊群的实验笼顶部。一只笼内的蚊子已经4个小时没睡觉了,另一只笼内的蚊子则正常睡觉。

他们用摄像头记录、统计了停在"假人"身上至少5秒钟的蚊子,发现不管在什么时候,"假人"身上没睡好的蚊子都比睡饱了的蚊子更少。在野外,科学家们也观察到了类似的情况。

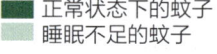

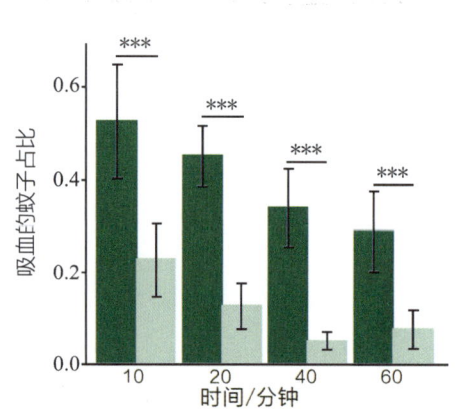

(实验室内)埃及伊蚊不同时间里对宿主的降落比例(每组10只蚊子,共计实验8次)

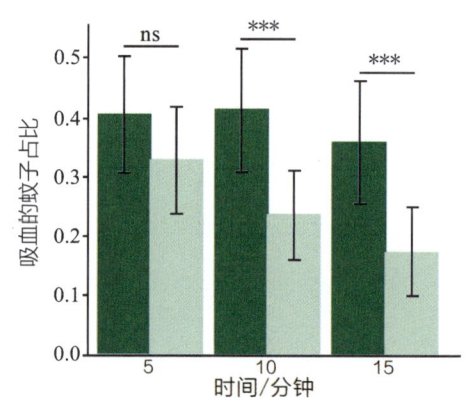

(野外)埃及伊蚊不同时间里对宿主的降落比例(每组10只蚊子,共计实验13次)

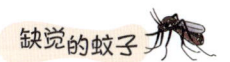

缺觉的蚊子

为了弄清"缺觉"会不会影响蚊子吸血,科学家们将4个小时没睡觉的埃及伊蚊放在"假人"的腿部5分钟,对比没睡好的蚊子和睡饱了的蚊子成功吸血(表现为腹部充盈)的数量。

结果显示:在睡眠不足的蚊子中,能够吸血的蚊子比例显著降低(约减少54%)。

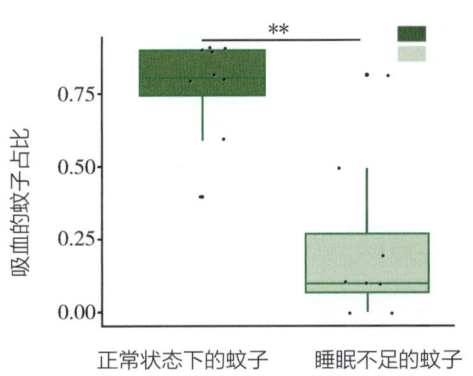

睡眠剥夺后的光周期内吸血的埃及伊蚊比例(每组10只蚊子,共计实验8次)

不难发现,睡眠不足似乎会抑制蚊子的捕食动力,并且让它们对气味和热源也不再敏感。在未来,如果我们能找到一直干扰蚊子"睡觉"的方法,说不定就能减少蚊子吸血和传播疾病的几率,为传染病防控打开新的突破口。

为什么洗手时间长，手指处的皮肤会变得很皱？

请问科学家

这种身体的自然反应是受神经调节控制的，可能是为了让我们在湿滑环境下更好地抓住东西而进化出来的。

那我们到底怎么知道是身体在主动控制的呢？首先，变皱的只有手指的皮肤，身体其他部分不会。其次，人们发现神经受到损伤的人浸泡之后手指皮肤不会变皱。由此我们知道，这是我们的身体在主动控制。

科学家们认为，让手指头变皱有助于提高摩擦力，并且设计了相关实验来证实。但实验仅仅证明了变皱之后摩擦力确实变大了，至于为何只有人和一些猴子进化出了这个"本领"，以及为何人类不一直保留变皱的手指，这些问题仍有待探索。